최적합
★최고의 적중률로 합격을 보장하는★

ICDL Korea
Approved Courseware

국제인증
자격증 ICDL

컴퓨터 에센셜

ICDL Computer Essentials

| 권희철 지음 |

BM 성안당
www.cyber.co.kr

■ 도서 A/S 안내

머리말

ICDL이 국내에 런칭되던 2008년도부터 다양한 교육 기간을 통해 학생들과 직접 소통하면서 느낀 점을 교재로 담았습니다. 수업 중에 자주 받게 되는 질문들을 정리하고 실생활에서 자주 사용하는 유용한 기능들을 더욱 쉽게 익힐 수 있도록 본 교재의 이론과 실습 문제를 통해 담아냈습니다. 이를 통해 ICDL 시험에 합격하는 것뿐만 아니라 실무에 꼭 필요한 기능을 익힘으로써 컴퓨터를 실생활에서 유용하게 활용하는 자신을 보며 기뻐하게 될 것입니다.

초보자도 쉽게

ICDL 과목 중 Computer Essentials은 가장 기본이면서 기초 과목에 해당합니다. 하지만 공부 없이 기본 실력으로 시험을 응시했다가는 고가의 응시료를 버릴 수 있습니다. 우리 주변에서 컴퓨터, 노트북, 모바일 기기 등을 쉽게 접하게 되지만 제대로 공부를 하지 않아 대부분 사람들이 좋은 기능을 활용하지 못하고 일부 기능만 사용하고 있습니다. 본 교재는 초보자도 쉽게 따라 하고 이해할 수 있는 수준으로 준비되었습니다.

자격증 취득과 실무 활용

필자는 단지 자격증 취득만을 목적으로 집필하지 않았습니다. 단순 암기식의 시험 준비는 당시 시험에 합격은 할 수 있겠으나 이를 실무에 적용할 수 없게 됩니다. 본 교재는 ICDL 실라버스 5.0을 기초로 하여 내용 순서를 구성하였고 이에 합격의 길을 한층 가깝게 안내해 드릴 겁니다. 또한, 중간중간 멘토의 한 수를 통해 해당 기능의 활용 방법을 설명하며 이해를 높이고자 내용을 구성하였습니다.

끝으로 본 교재의 출간을 위해 물심양면으로 아낌없는 격려와 지원을 해주신 한국생산성본부 경영자격센터 임직원분들과 성안당 관계자분들 그리고 주변 모든 분들께 감사를 드립니다.

저자. 권희철

ICDL 자격제도 안내

1 ICDL 소개

ICDL은 International Computer Driving Licence의 약자로 사용자의 컴퓨터 활용 능력을 인증하는 국제IT자격입니다. 컴퓨터 사용 중 여러 기술을 다방면으로 활용하게 함으로써 컴퓨터활용능력을 증진시키는 것을 목적으로 하는 세계적으로 가장 널리 알려진 자격입니다.

아일랜드에 본사를 두고 있으며 유럽에서는 ECDL(European Computer Driving Licence)로 통용됩니다.

유럽을 제외한 국가에서는 ICDL로 명명되고 영국, 미국을 비롯하여 중동, 아시아, 아프리카 등 전 세계 150개국에서 42개국 언어로 번역되어 정보 통신 기술 보급에 기여하고 있습니다.

UN, European Commission과 같은 국제기구와 British, NOKIA 등의 다국적기업도 IT능력을 판단하는 기본 과정으로 활용하고 있습니다.

2 ICDL 장점

■ 취업역량 강화

- 취업의 필수 아이템인 컴퓨터자격증 취득으로 재학생/졸업생들의 취업역량강화 지원
- 학교 중심의 취업역량강화 프로그램 운영으로 자격증 취득을 위한 학생들의 시간 및 경제적 부담 최소화

■ 컴퓨터 활용 능력 향상

- 기업/비즈니스에서 요구하는 실무 중심의 컴퓨터 활용능력 배가
- 기능 중심 단순 암기식 교육이 아닌 진정한 실무 문서 작성 중심의 컴퓨터활용 교육 및 자격 평가로 비즈니스 OA 문서 작성능력 강화

3 ICDL 실라버스

이 모듈은 장치 사용, 파일 생성 및 관리, 네트워크 및 데이터 보안과 관련된 필수 개념 및 기술을 설명합니다.

■ **모듈 목표**

합격한 지원자는 다음을 수행할 수 있습니다.

– ICT, 컴퓨터, 장치 및 소프트웨어와 관련된 핵심 개념을 이해합니다.

– 컴퓨터를 시작하고 종료하십시오.

– 아이콘, 창을 사용하여 컴퓨터 바탕 화면에서 효과적으로 작업하십시오.

– 기본 운영 체제 설정을 조정하고 기본 제공 도움말 기능을 사용합니다.

– 간단한 문서를 만들고 출력물을 인쇄하십시오.

– 파일 관리의 주요 개념을 알고 파일과 폴더를 효율적으로 구성할 수 있어야 합니다.

– 주요 저장 개념을 이해하고 유틸리티 소프트웨어를 사용하여 대용량 파일을 압축 및 추출합니다.

– 네트워크 개념 및 연결 옵션을 이해하고 네트워크에 연결할 수 있어야 합니다.

– 데이터 및 장치를 맬웨어로부터 보호하고 데이터를 백업하는 것이 중요하다는 것을 이해합니다.

– 친환경 IT, 접근성 및 사용자 건강과 관련된 고려 사항을 인식합니다.

CATEGORY	SKILL SET	REF.	TASK ITEM
1 Computers and Devices	1.1 ICT	1.1.1	정보 통신 기술(ICT)이라는 용어를 정의한다.
		1.1.2	인터넷 서비스, 모바일 기술, 사무용 생산성 응용 프로그램과 같은 다양한 유형의 ICT 서비스/용도를 식별하십시오.
	1.2 하드웨어	1.2.1	하드웨어라는 용어를 정의하십시오. 데스크톱, 랩톱, 태블릿과 같은 주요 컴퓨터 유형을 확인하십시오. 스마트폰, 미디어 플레이어, 디지털카메라와 같은 주요 유형의 장치를 식별하십시오.
		1.2.2	프로세서, RAM(Random Access Memory), 스토리지라는 용어를 정의하십시오. 컴퓨터 및 장치를 사용할 때 성능에 미치는 영향을 이해합니다.

CATEGORY	SKILL SET	REF.	TASK ITEM
		1.2.3	프린터, 스크린, 스캐너, 키보드, 마우스/트랙 패드, 웹캠, 스피커, 마이크, 도킹 스테이션과 같은 통합 및 외부 장비의 주요 유형을 식별하십시오.
		1.2.4	USB, HDMI와 같은 일반적인 입/출력 포트를 확인하십시오.
	1.3 소프트웨어와 라이선스	1.3.1	소프트웨어라는 용어를 정의하고 운영 체제, 응용 프로그램과 같은 주요 소프트웨어 유형을 구별합니다. 소프트웨어를 로컬에 설치하거나 온라인으로 사용할 수 있음을 숙지하십시오.
		1.3.2	운영 체제라는 용어를 정의하고 컴퓨터 및 장치용 공통 운영 체제를 확인하십시오.
		1.3.3	사무실 생산성, 커뮤니케이션, 소셜 네트워킹, 미디어, 디자인, 모바일 응용 프로그램과 같은 응용 프로그램의 일반적인 예를 확인하십시오.
		1.3.4	최종 사용자 사용권 계약(EULA)이라는 용어를 정의하십시오. 소프트웨어는 사용하기 전에 라이센스를 받아야 합니다.
		1.3.5	독점적인 소프트웨어, 오픈 소스, 평가판, 셰어웨어, 프리웨어 등 소프트웨어 라이선스의 유형을 설명하십시오.
	1.4 시작과 종료	1.4.1	컴퓨터를 시작하고 사용자 이름과 암호를 사용하여 안전하게 로그온하십시오.
		1.4.2	로그 오프하고, 종료하고, 적절한 루틴을 사용하여 컴퓨터를 다시 시작하십시오.
2 바탕화면, 아이콘, 설정	2.1 바탕화면 및 아이콘	2.1.1	바탕 화면과 작업 표시 줄의 목적을 요약하십시오.
		2.1.2	파일, 폴더, 응용 프로그램, 프린터, 드라이브, 바로 가기/별칭, 휴지통과 같은 일반적인 아이콘을 식별합니다.

CATEGORY	SKILL SET	REF.	TASK ITEM
		2.1.3	아이콘을 선택하고 이동하십시오.
		2.1.4	바로 가기/별칭을 생성, 이름 바꾸기, 이동, 삭제합니다.
	2.2 윈도우 사용	2.2.1	제목 표시 줄, 메뉴 모음, 도구 모음, 리본, 상태 표시 줄, 스크롤 막대 등 창의 여러 부분을 식별합니다.
		2.2.2	창을 열고, 축소하고, 확장하고, 복원하고, 최대화하고, 크기를 조정하고, 이동하고, 닫습니다.
		2.2.3	열려있는 창 사이를 전환하십시오.
	2.3 도구 및 설정	2.3.1	사용 가능한 도움말 기능을 사용하십시오.
		2.3.2	컴퓨터의 기본 시스템 정보(운영 체제 이름 및 버전 번호, 설치된 RAM)를 봅니다.
		2.3.3	바탕 화면 구성 설정 변경 : 날짜 및 시간, 볼륨 설정, 배경, 해상도
		2.3.4	키보드 언어 변경, 추가, 제거, 기본 언어를 변경하십시오.
		2.3.5	응답하지 않는 응용 프로그램을 종료하십시오.
		2.3.6	응용 프로그램을 설치하고 제거하십시오.
		2.3.7	장치(USB 플래시 드라이브, 디지털카메라, 미디어 플레이어)를 컴퓨터에 연결하십시오. 적절한 루틴을 사용하여 장치를 분리하십시오.
		2.3.8	전체 화면 활성 창 캡처
3 출력	3.1 텍스트 작업	3.1.1	열기, 워드 프로세싱 응용 프로그램을 닫습니다. 파일을 열고 닫습니다.
		3.1.2	문서에 텍스트를 입력하십시오.
		3.1.3	열려있는 문서 사이에서 텍스트를 복사하고 이동합니다. 화면 캡처를 문서에 붙여넣습니다.
		3.1.4	문서를 저장하고 이름을 지정하십시오.

CATEGORY	SKILL SET	REF.	TASK ITEM
	3.2 인쇄	3.2.1	프린터를 설치하고 제거하십시오. 테스트 페이지를 인쇄하십시오.
		3.2.2	설치된 프린터 목록에서 기본 프린터를 설정하십시오.
		3.2.3	워드 프로세싱 응용 프로그램에서 문서를 인쇄합니다.
		3.2.4	인쇄 작업보기, 일시 중지, 다시 시작, 취소
4 파일 관리	4.1 파일 및 폴더 소개	4.1.1	운영 체제가 드라이브, 폴더, 파일을 계층적 구조로 구성하는 방법을 이해합니다. 드라이브, 폴더, 하위 폴더, 파일 사이를 탐색합니다.
		4.1.2	파일, 폴더 속성(예 : 이름, 크기, 위치)을 표시합니다.
		4.1.3	보기를 변경하여 타일, 아이콘, 목록, 세부 정보와 같은 파일 및 폴더를 표시합니다.
		4.1.4	워드프로세싱, 스프레드시트, 프리젠테이션, PDF (Portable Document Format), 이미지, 오디오, 비디오, 압축된 실행 파일과 같은 일반적인 파일 형식을 식별하십시오.
		4.1.5	파일, 폴더, 드라이브를 엽니다.
		4.1.6	폴더, 파일 이름 지정에서 좋은 습관을 인식하십시오. 폴더 및 파일에 의미있는 이름을 사용하여 검색 및 구성을 도와줍니다.
		4.1.7	폴더를 만듭니다.
		4.1.8	파일, 폴더의 이름을 바꿉니다.
		4.1.9	속성별로 파일 검색 : 필요한 경우 와일드카드를 사용하여 파일 이름 전체 또는 일부, 내용, 수정 한 날짜
		4.1.10	최근에 사용한 파일 목록을 봅니다.
	4.2 파일 및 폴더 구성	4.2.1	인접한 인접하지 않은 개별 파일, 폴더를 선택하십시오.
		4.2.2	파일을 이름, 크기, 유형, 수정 날짜순으로 오름차순, 내림차순으로 정렬합니다.

CATEGORY	SKILL SET	REF.	TASK ITEM
		4.2.3	파일, 폴더, 드라이브 간 폴더 복사, 이동
		4.2.4	파일, 폴더를 휴지통으로 옮겨 원래 위치로 복원하십시오.
		4.2.5	휴지통을 비우십시오.
	4.3 저장 및 압축	4.3.1	내부 하드 디스크, 외장 하드 디스크, 네트워크 드라이브, CD, DVD, Blu-ray 디스크, USB 플래시 드라이브, 메모리 카드, 온라인 파일 저장 장치와 같은 주요 유형의 저장 매체를 식별하십시오.
		4.3.2	파일 크기, 폴더 크기, KB, MB, GB, TB와 같은 저장 용량 측정을 확인하십시오.
		4.3.3	저장 장치에서 사용 가능한 공간을 봅니다.
		4.3.4	파일, 폴더 압축의 목적을 이해하십시오.
		4.3.5	파일, 폴더 압축
		4.3.6	압축 파일, 폴더를 드라이브의 특정 위치로 추출합니다.
5 네트워크	5.1 네트워크 개념	5.1.1	네트워크라는 용어를 정의하십시오. 네트워크의 목적 개요 : 데이터 및 장치를 안전하게 공유할 수 있습니다.
		5.1.2	인터넷이라는 용어를 정의하십시오. World Wide Web(WWW), VoIP, 전자 메일, IM과 같은 주요 용도를 확인하십시오.
		5.1.3	인트라넷, 가상 사설망(VPN)이라는 용어를 정의하고 주요 용도를 식별합니다.
		5.1.4	전송률의 의미를 이해하십시오. 측정 방법을 이해하십시오.(초당 비트 수(bps), 초당 킬로 비트(kbps), 초당 메가 비트(mbps), 초당 기가비트 (gbps))
		5.1.5	네트워크에서 다운로드하고, 업로드하는 개념을 이해합니다.

CATEGORY	SKILL SET	REF.	TASK ITEM
	5.2 네트워크 액세스	5.2.1	전화선, 휴대 전화, 케이블, Wi-Fi, wi-max, 위성과 같이 인터넷 연결을 위한 다양한 옵션을 식별하십시오.
		5.2.2	인터넷 서비스 제공자(ISP)라는 용어를 정의하십시오. 업로드 속도, 다운로드 속도 및 할당량, 비용과 같은 인터넷 가입 옵션을 선택할 때 중요한 고려 사항을 확인하십시오.
		5.2.3	무선 네트워크의 상태를 보호하고 공개합니다.
		5.2.4	무선 네트워크에 연결하십시오.
6 보안과 안전	6.1 데이터 및 장치 보호	6.1.1	적절한 길이의 문자 작성, 적절한 문자 혼합, 공유하지 않음, 정기적으로 변경과 같은 좋은 암호 정책을 인식하십시오.
		6.1.2	방화벽이라는 용어를 정의하고 그 목적을 설명하십시오.
		6.1.3	원격 위치에 정기적으로 데이터를 백업하는 목적을 이해하십시오.
		6.1.4	바이러스 백신, 응용 프로그램, 운영 체제 소프트웨어와 같이 정기적으로 업데이트되는 소프트웨어의 중요성을 인식하십시오.
	6.2 악성코드	6.2.1	악성코드라는 용어를 이해합니다. 바이러스, 웜, 트로이 목마, 스파이웨어와 같은 다양한 유형의 악성코드를 식별하십시오.
		6.2.2	악성코드가 컴퓨터나 장치를 어떻게 감염시킬 수 있는지 알고 있어야합니다.
		6.2.3	안티바이러스 소프트웨어를 사용하여 컴퓨터를 검사하십시오.
	6.3 건강과 그린 IT	6.3.1	규칙적인 휴식을 취하고 적절한 조명과 자세를 유지하는 것과 같이 컴퓨터나 장치를 사용하는 동안 사용자의 복지를 보장할 수 있는 방법을 찾아야 합니다.

CATEGORY	SKILL SET	REF.	TASK ITEM
		6.3.2	컴퓨터 및 장치의 에너지 절약 관행을 끄고, 자동 종료, 백라이트, 절전 모드 설정을 조정합니다.
		6.3.3	컴퓨터, 장치, 배터리, 프린터 카트리지 및 용지는 재활용해야 함을 인식하십시오.
		6.3.4	음성 인식 소프트웨어, 화면 판독기, 화면 돋보기, 온 스크린 키보드, 고대비와 같은 접근성 향상을 위해 사용할 수 있는 몇 가지 옵션을 확인하십시오.

목 | 차 |

Chapter

1

컴퓨터와 장치

현대 사회에서 컴퓨터와 그와 연계된 장치는 인간 생활의 큰 변화와 편리성을 제공하게 되었다. 과거 단순히 컴퓨터 또는 노트북을 이용하여 작업을 실행하고 이를 저장하여 관리하는 등의 단순 컴퓨터 활용 범위를 넘어 다양한 장치들과의 연결을 시도하였다. 또한, 언제 어디에서나 이러한 장치 등을 통해 빠르게 데이터를 검색하고 이를 활용할 뿐만 아니라 다른 그룹 또는 원거리 지역으로 전송하는 등의 글로벌 네트워크 환경이 구축되고 있다. 이제 정보통신 기술(ICT)은 업무에만 국한되지 않고 다양한 생활환경에 적용됨으로써 더욱 빠르게 활용될 전망이다. 이번 과정에서는 컴퓨터의 기본적인 이해와 그와 연계되는 각각의 장치 기능에 대해 알아보자.

International
Computer
Driving
Licence

1.1 정보 통신 기술(ICT)

정보 통신 기술(ICT)은 정보 기술(Information Technology)과 통신 기술(Communication Technology)의 합성어로 유/무선 통신을 이용하여 컴퓨터뿐만 아니라 다양한 장치로 정보를 수집하고 다양한 형태로 가공 및 전달 등의 모든 방법을 의미한다. 이미 우리 생활의 많은 부분에 활용됨으로써 일반 생활과 사회 업무 등에 밀접히 연계되어 보다 빠르고 편리한 환경을 제공한다. 이미 일상 용어가 되어버린 정보 통신 기술에 대한 용어와 다양하게 활용되고 있는 ICT 서비스 및 용도를 이해해보자.

실라버스	내용
1.1.1	정보 통신 기술(ICT)이라는 용어를 정의한다.
1.1.2	인터넷 서비스, 모바일 기술, 사무용 생산성 응용 프로그램과 같은 다양한 유형의 ICT 서비스/용도를 식별한다.

문제 01

다음 중 정보 통신 기술(ICT)의 약자에 해당하는 것은?

① Internet and Computer Technology

② Internet and Control Transfer

③ Information and Computer Technology

④ Information and Communication Technology

> **해설**
>
> 정보 통신 기술(ICT) : 정보 통신 기술은 정보란 뜻을 가진 'Information'과 통신 기술이란 'Communication Technology'가 결합된 합성어

정답 : ④

'이동성을 가진 것'이라는 의미를 가진 스마트폰(smartphone)과 태블릿(tablet)PC와 같이 휴대하면서 컴퓨터와 같이 사용 가능한 것을 무엇이라고 하는가?

① 인터넷 뱅킹(internet banking)

② 전자 화폐(electronic cash)

③ 모바일(mobile)

④ 웹 서핑(web surfing)

해설

- 인터넷 뱅킹(internet banking) : 인터넷을 이용하여 입출금 등의 은행 관련 업무를 보는 일
- 전자 화폐(electronic cash) : 사이버화폐, 암호화폐, 가상화폐 등과 같이 실제 현금이 아닌 인터넷을 통해 전자적으로 교환되는 돈이나 증서
- 웹 서핑(web surfing) : 인터넷의 하이퍼링크를 통해 불특정한 웹 사이트 이곳저곳을 둘러보는 것

정답 : ③

1.2 하드웨어

데스크톱, 노트북, 태블릿 등은 하드웨어에 해당한다. 단순히 컴퓨터 작업을 위한 다양한 종류의 컴퓨터 이외에도 그와 연결하여 데이터를 옮기고 저장하는 등의 스마트 폰, 미디어 플레이어, 디지털카메라와 그의 내부를 구성하는 프로세서, RAM, 스토리지 등 또한, 하드웨어에 해당한다. 이러한 다양한 하드웨어의 용어와 종류 및 컴퓨터 내부를 구성하는 각각의 장치의 역할 등을 이해해보자.

실라버스	내용
1.2.1	하드웨어라는 용어를 정의한다. 데스크톱, 랩톱, 태블릿과 같은 주요 컴퓨터 유형을 확인한다. 스마트 폰, 미디어 플레이어, 디지털카메라와 같은 주요 유형의 장치를 식별한다.
1.2.2	프로세서, RAM(Random Access Memory), 스토리지라는 용어를 정의한다. 컴퓨터 및 장치를 사용할 때 성능에 미치는 영향을 이해한다.
1.2.3	프린터, 스크린, 스캐너, 키보드, 마우스, 트랙 패드, 웹캠, 스피커, 마이크, 도킹 스테이션과 같은 통합 및 외부 장비의 주요 유형을 식별한다.
1.2.4	USB, HDMI와 같은 일반적인 입/출력 포트를 확인한다.

문제 01

컴퓨터의 내/외부에 연결되어 입력, 연산, 제어, 기억, 출력 등의 기능을 구현하는 물리적 장치를 무엇이라고 하는가?

해설

- 하드웨어(H/W, hardware) : 컴퓨터의 내/외부에 연결되어 입력, 연산, 제어, 기억, 출력 등의 기능을 구현하는 물리적 장치를 의미한다.
- 소프트웨어(S/W, software) : 컴퓨터 프로그램으로 주로 하드웨어를 구동하기 위한 명령이나 사용자가 이해할 수 있는 형태의 결과로 화면 표시, 소리, 인쇄 등으로 전환하는 인터페이스 역할을 한다.

정답 : 하드웨어

문제 02

다음 중 컴퓨터 기억 장치 중 하나로 대용량의 자료를 영구적으로 보관 가능한 하드웨어는 무엇인가?

① 메모리(RAM) ② USB

③ 스토리지(Hard Disk) ④ 프로세서(CPU)

해설

스토리지(Hard Disk) : 컴퓨터의 기억 장치 중 보조 기억 장치로 자료(Data)를 영구 보관하는 장치

정답 : ③

문제 03

다음 중 주기억 장치라 불리며 휘발성으로 기록하는 기억 장치를 무엇이라고 하는가?

① 메모리(RAM) ② USB

③ 스토리지(Hard Disk) ④ 프로세서(CPU)

해설

메모리(RAM) : 읽고 쓸 수 있는 메모리라는 뜻을 가진 반도체로 스토리지와 달리 휘발성으로 보관하는 주기억 장치

정답 : ①

문제 04

다음 중 중앙처리장치라 불리며 컴퓨터의 두뇌에 해당하는 장치를 무엇이라고 하는가?

① 메모리(RAM) ② USB

③ 스토리지(Hard Disk) ④ 프로세서(CPU)

해설

프로세서(CPU, Central Processing Unit) : 컴퓨터의 두뇌에 해당하는 프로세서(CPU)는 컴퓨터 시스템 전체를 제어하고 소프트웨어의 명령을 실행하며 각 하드웨어 장치에 지시를 내리는 칩

정답 : ④

문제 05

휴대하여 언제 어디서든 음악, 사진, 동영상 등을 볼 수 있는 장치는 무엇인가?

① 전원 공급 장치　　　　　　　　　② USB

③ 스캐너　　　　　　　　　　　　④ 휴대용 미디어 플레이어

해설

- 전원 공급 장치(electric power supply) : 컴퓨터의 각 전자 장치에 안정적으로 전기를 공급하는 장치
- 스캐너(scanner) : 종이 문서나 사진 등의 이미지를 컴퓨터가 처리할 수 있는 형태로 변환하는 장치
- 휴대용 미디어 플레이어(PMP, Portable Media Player) : 음악, 사진, 동영상 등의 실행 기능을 모두 갖춘 휴대용 멀티미디어 재생 장치

정답 : ④

문제 06

범용직렬버스 방식으로 컴퓨터와 주변 장치를 연결하는 입/출력 표준의 하나는 무엇인가?

① 도킹 스테이션　　　　　　　　　② USB

③ 스캐너　　　　　　　　　　　　④ 웹 카메라

해설

- USB : Universal Serial Bus
- HDMI(High Definition Multimedia Interface) : 비압축 방식의 디지털 비디오/오디오 인터페이스 규격

정답 : ②

문제 07

다음 중 입/출력 장치가 올바르게 짝지어진 것은?

① 입력 장치 – 키보드, 마우스, 마이크, 스캐너

② 입력 장치 – 키보드, 마우스, 스피커, 스캐너

③ 출력 장치 – 모니터, 프린터, 스캐너, 스피커

④ 출력 장치 – 모니터, 스피커, 마이크, 라이트 펜

해설

- 입력 장치(input devices) : 키보드, 마우스, 디지타이저, 영상 스캐너, 마이크, 라이트 펜, 웹캠
- 출력 장치(output devices) : 모니터, 프린터, 스피커, 프로젝터, 플로터

정답 : ①

1.3 소프트웨어와 라이센스

소프트웨어는 컴퓨터와 컴퓨터에 연결된 다양한 장치를 특정 목적에 맞게 수행하도록 구현된 명령 집합을 말한다. 소프트웨어는 플랫폼 소프트웨어, 응용 소프트웨어, 사용자 작성 소프트웨어 등으로 그 종류가 다양하며 소프트웨어에 따라 라이센스가 존재하여 유료로 구매하거나 복제 또는 배포의 권리를 제한하는 등의 형태로 분류된다. 이에 사용자는 소프트웨어에 대한 올바른 이해를 통해 소프트웨어 개발자와 사용자가 상호 간 피해가 없도록 주의해야 한다.

실라버스	내용
1.3.1	소프트웨어라는 용어를 정의하고 운영 체제, 응용 프로그램과 같은 주요 소프트웨어 유형을 구별한다. 소프트웨어를 로컬에 설치하거나 온라인으로 사용할 수 있음을 숙지한다.
1.3.2	운영 체제라는 용어를 정의하고 컴퓨터 및 장치용 공통 운영 체제를 확인한다.
1.3.3	사무실 생산성, 커뮤니케이션, 소셜 네트워킹, 미디어, 디자인, 모바일 응용 프로그램과 같은 응용 프로그램의 일반적인 예를 확인한다.
1.3.4	최종 사용자 사용권 계약(EULA)이라는 용어를 정의한다. 소프트웨어는 사용하기 전에 라이센스를 받아야 한다.
1.3.5	독점적인 소프트웨어, 오픈 소스, 평가판, 셰어웨어, 프리웨어 등 소프트웨어 라이센스의 유형을 설명한다.

문제 01

메모리와 CPU, 입/출력 장치와 같은 컴퓨터 자원을 사용할 수 있도록 지원하는 소프트웨어를 무엇이라 하는가?

해설

- 운영체제(OS, Operating System) : Windows, 유닉스, 리눅스, OS X 등
- 모바일 운영체제(MOS, Mobile Operating System) : iOS(애플), 안드로이드(구글)

정답 : 운영체제

문제 02

워드 프로세싱 프로그램은 다음 중 어느 소프트웨어에 해당하는가?

① 운영체제 소프트웨어   ② 응용 소프트웨어

③ 디자인 소프트웨어   ④ 유틸리티 소프트웨어

해설

- 응용 소프트웨어(application software) : 워드프로세서, 스프레드시트, 웹 브라우저 등
- 디자인 소프트웨어(design software) : 2D 또는 3D 이미지 제작 및 편집에 사용되는 소프트웨어
- 유틸리티 소프트웨어(Utility software) : 운영체제, 응용 소프트웨어 관리에 도움을 주는 소프트웨어

정답 : ②

문제 03

다음 중 데이터베이스 시스템을 사용하기에 적합한 작업은 무엇인가?

① 월별 매입과 매출 내역의 통계를 내기 위한 작업

② 거래처에 신제품을 설명하기 위한 작업

③ 수백 명 또는 그 이상 사원의 정보 및 수년간 부서별 실적 분석을 위한 작업

④ 신규 사업 진행의 승인을 위한 보고서 작업

해설

데이터베이스 시스템(Database system) : 여러 사람이 공유할 목적으로 통합 관리하는 정보의 집합으로 데이터를 체계적으로 구조화함으로써 검색과 갱신의 효율성을 높인 시스템에 해당한다.

정답 : ③

개발자가 저작권을 가지고 있으나 무상으로 배포하고 사용할 수 있는 소프트웨어를 무엇이라고 하는가?

① 쉐어웨어(shareware) 소프트웨어

② 프리웨어(freeware) 소프트웨어

③ 펌웨어(firmware) 소프트웨어

④ 상용(Commercial Software) 소프트웨어

해설

- 쉐어웨어(shareware) 소프트웨어 : 정식 버전과 같은 기능을 가지나 보통 30~60일 동안만 사용 가능
- 프리웨어(freeware) 소프트웨어 : 개발자가 공유 목적으로 무상으로 배포하여 사용 가능
- 펌웨어(firmware) 소프트웨어 : 하드웨어 장치에 포함된 소프트웨어
- 상용(Commercial) 소프트웨어 : 돈을 지불하고 사용권을 구매하여 사용 가능

정답 : ②

소프트웨어 제작자와 사용자 사이의 계약 각서로 사용자에게 소프트웨어 라이센스를 제공한다는 걸 명시한 것을 무엇이라고 하는가?

① 다운로드(download)

② 소프트웨어 사용권 동의(EULA)

③ P2P(peer-to-peer network)

④ 암호화(encryption)

해설

- 다운로드 : 원격 시스템으로부터 데이터를 로컬 시스템으로 전송받는 것
- 소프트웨어 사용권 동의(end-user License agreement)
- P2P(peer-to-peer network) : 동등 계층 간 통신망
- 암호화(encryption) : 공유할 수 없는 개인 정보 등을 누구나 볼 수 없도록 알고리즘을 이용하여 보호

정답 : ②

1.4 시작과 종료

일반적으로 데스크톱 또는 노트북 등은 개인적으로 사용하는 컴퓨터이지만 학교 또는 직장 등에선 한 대의 컴퓨터를 여러 사람이 공동으로 사용하는 경우도 존재한다. 이러한 경우 운영체제의 계정을 이용하여 해당 공유 컴퓨터에 접근하고 이에 평소 사용하던 환경으로 시작할 수 있게 된다. 현재까지 가장 대중적으로 사용 중인 MS사의 Windows 운영체제를 이용하여 컴퓨터를 시작하여 로그온하고 또한, 올바르게 종료하는 방법에 대해 숙지해보자.

실라버스	내용
1.4.1	컴퓨터를 시작하고 사용자 이름과 암호를 사용하여 안전하게 로그온한다.
1.4.2	로그 오프, 종료, 적절한 루틴을 사용하여 컴퓨터를 다시 시작한다.

문제 01

현재 상태에서 운영체제를 이용하여 올바른 방법으로 컴퓨터를 다시 시작하시오.

해설

- 절전 : 컴퓨터는 켜져 있으나 저 전원 상태
- 시스템 종료 : 모든 앱을 닫고 컴퓨터를 종료
- 다시 시작 : 모든 앱을 닫고 컴퓨터를 다시 시작

❶ 작업 표시줄의 [시작] 단추를 클릭하여 [전원]을 클릭한다.

❷ 전원 목록에서 [다시 시작(업데이트 및 다시 시작)]을 클릭한다.

멘토의 한 수

작업 표시줄 : Windows 화면 하단에 위치한 작업 표시줄은 Windows에 설치된 다양한 응용 프로그램(앱)을 실행하거나 로그온/오프, 컴퓨터 종료 등 이외에도 자주 사용하는 프로그램을 등록하여 빠르게 실행할 수 있다. 또한, 오른쪽 트레이에는 현재 날짜와 시간, Wi-Fi 연결 상태 등으로 표시함으로써 사용자의 편리성을 제공한다.

바탕 화면, 아이콘, 설정

바탕 화면은 컴퓨터 시스템과 사람과의 인터페이스 공간으로 작업으로 비유하자면 책상으로 비유할 수 있다. 특히 Windows 운영체제는 멀티태스킹 기능을 기본으로 제공하는데 예를 들어 인터넷 쇼핑을 하는 도중 문서 작업을 위해 워드 프로세싱 프로그램을 열어 작업할 수 있으며 동시에 이메일도 확인할 수 있다. 또한, 해당 컴퓨터에 설치된 다양한 응용 프로그램 중 자주 사용하는 응용 프로그램은 바로 가기 아이콘을 바탕 화면에 생성하여 단지 더블 클릭만으로 해당 프로그램을 바로 실행할 수 있는 장점이 있다. 이번 과정에서는 바탕 화면에 아이콘을 생성하거나 삭제 이동 등의 기능과 본격적인 컴퓨터 활용에 요구되는 환경 설정 방법에 대해 알아보자.

International
Computer
Driving
Licence

2.1 바탕 화면 및 아이콘

바탕 화면은 컴퓨터 작업을 위한 책상으로 자주 사용하는 응용 프로그램을 바로가기로 만들어 두어 작업 시간을 보다 효율적으로 줄일 수 있다. 컴퓨터에 설치된 모든 응용 프로그램은 [시작] 단추 안에서 찾아 실행할 수 있지만 많은 응용 프로그램이 설치되어 있는 경우에는 이를 찾기란 여간 어려운 일이 아니다. 바탕 화면에 필요한 아이콘을 추가하거나 불필요한 아이콘 등을 제거하는 등의 작업 방법을 숙지해보자.

실라버스	내용
2.1.1	바탕 화면과 작업 표시줄의 목적을 요약한다.
2.1.2	파일, 폴더, 응용 프로그램, 프린터, 드라이브, 바로 가기/별칭, 휴지통과 같은 일반적인 아이콘을 식별한다.
2.1.3	아이콘을 선택하고 이동한다.
2.1.4	바로 가기/별칭을 생성, 이름 바꾸기, 이동, 삭제한다.

문제 01

바탕 화면의 '내 PC'를 실행한 후 작업 표시줄에 최소화하고 '휴지통' 아이콘을 화면 오른쪽 아래로 이동시키시오.

❶ 바탕 화면의 [내 PC] 아이콘을 더블 클릭한다.

바탕 화면 아이콘 표시 : 사용자가 필요에 따라 바탕 화면에 다양한 아이콘을 표시하거나 숨기고 이동할 수 있다.

① [시작] 단추 → [설정]을 클릭한다.
② Windows 설정 중 [개인 설정]을 클릭한다.

③ [테마] → [바탕 화면 아이콘 설정]을 클릭한다.

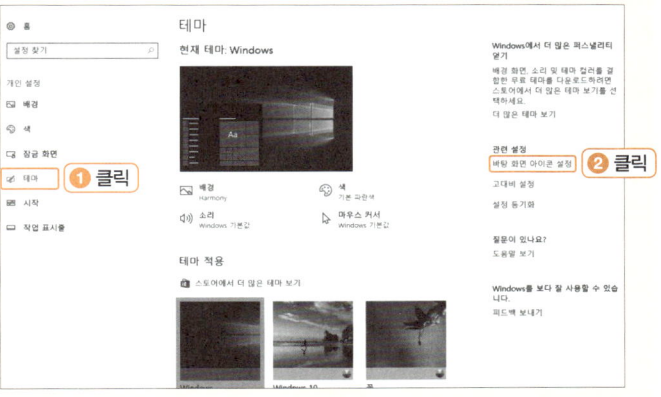

④ 바탕 화면에 표시할 아이콘을 체크하여 표시한 후 확인을 클릭한다.

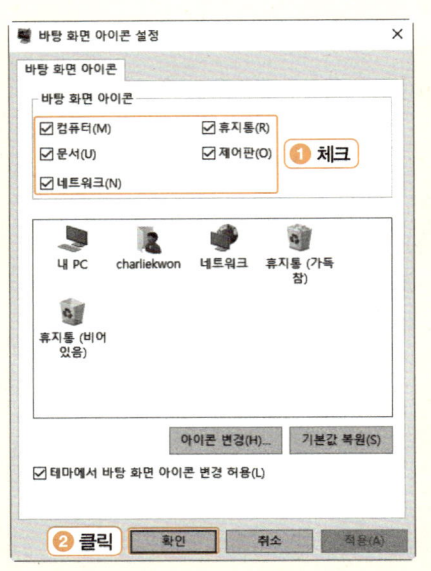

❷ [파일 탐색창]의 오른쪽 상단에 [최소화] 단추를 클릭한다.

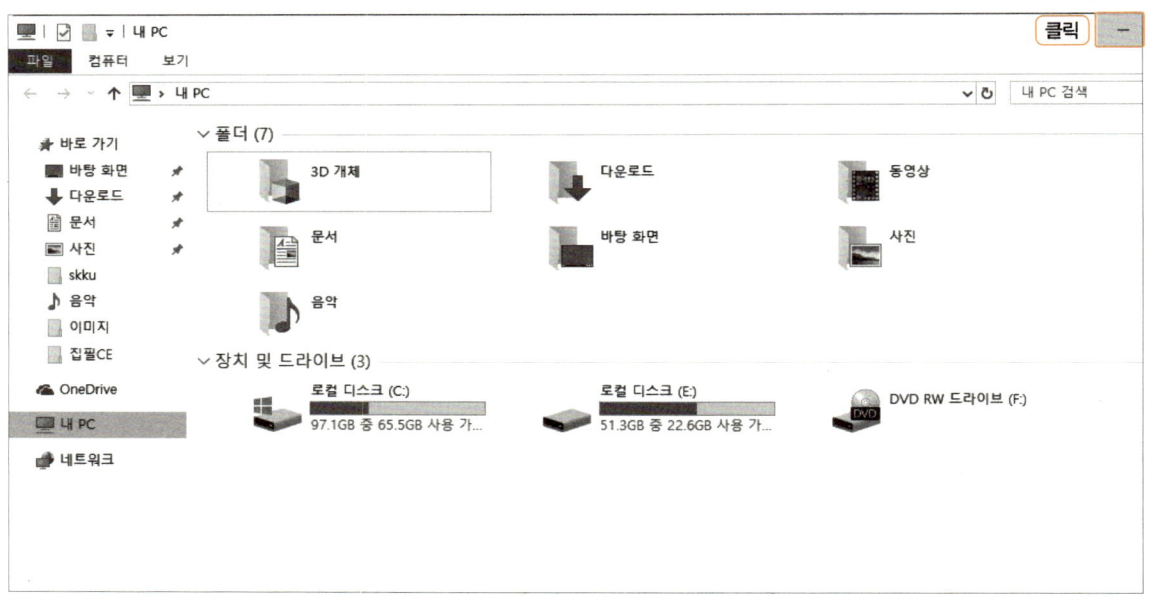

❸ 바탕 화면의 [휴지통] 아이콘을 클릭한 후 오른쪽 아래로 드래그한다.

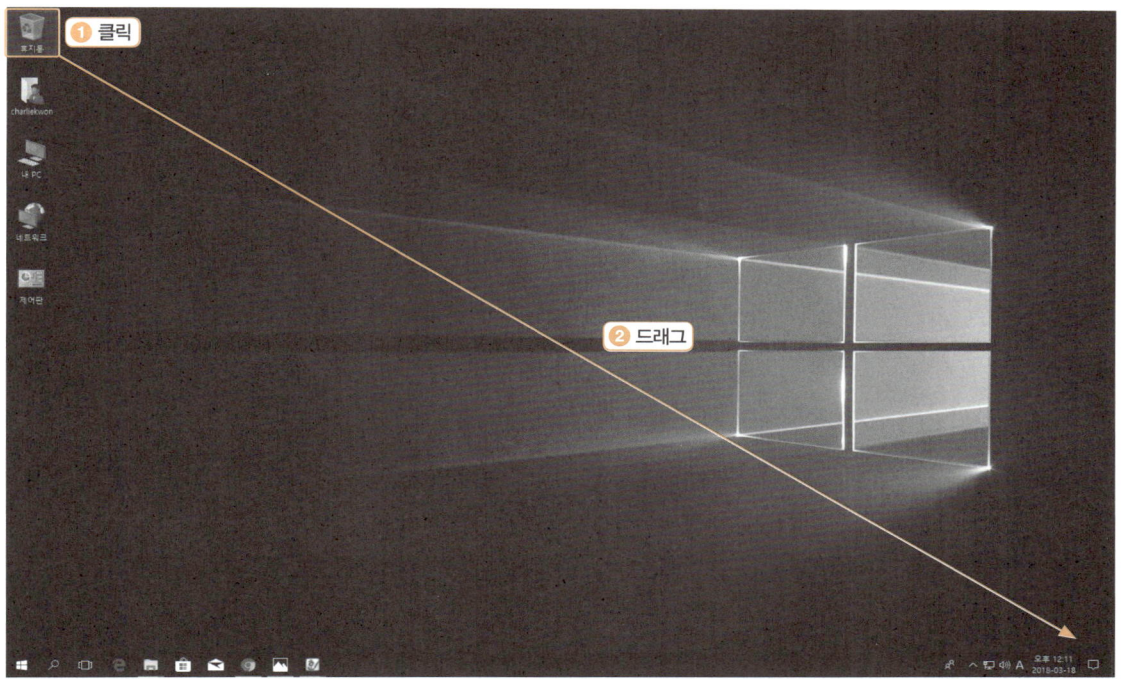

❹ 이동된 [휴지통] 아이콘의 위치를 확인한다.

'내 PC'의 '음악' 폴더를 바탕 화면에 바로가기 생성한 후 'My Music' 이름으로 변경하시오.

❶ 바탕 화면의 [내 PC] 아이콘을 더블 클릭하여 창을 연다.

❷ '음악' 폴더를 마우스 오른쪽 버튼으로 클릭한 후 [보내기] → [바탕 화면에 바로 가기 만들기]를 클릭한다.

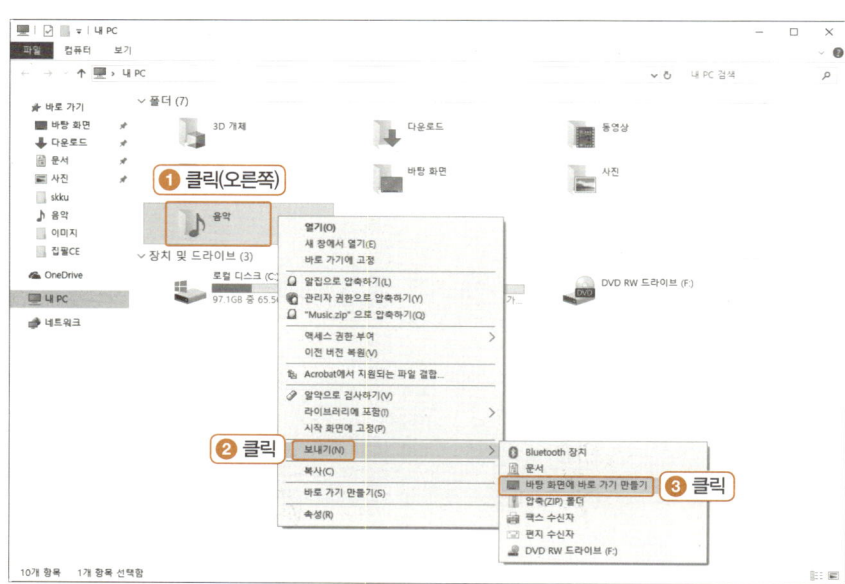

❸ 바탕 화면에 생성된 아이콘을 마우스 오른쪽 버튼으로 선택하여 [이름 바꾸기]를 클릭한다.

❹ 바로 가기 이름을 'My Music'으로 입력한 후 [Enter] 키를 눌러 변경을 완료한다.

2.2 Windows 사용

원도우 운영체제의 가장 큰 장점 중 하나는 멀티태스킹 기능으로 여러 창을 열어둔 상태로 다양한 작업을 동시에 실행할 수 있다는 것이다. 이때 바탕 화면의 응용 프로그램 및 탐색기 창 등은 모두 공통적으로 제목 표시줄, 메뉴 모음, 도구 모음, 스크롤 막대 등 창 관리 단추를 제공한다. 올바른 Windows 사용을 위해서는 이러한 창 관리 단추의 기능을 바르게 이해하고 사용 방법에 대해 숙지해야 한다.

실라버스	내용
2.2.1	제목 표시줄, 메뉴 모음, 도구 모음, 리본 메뉴, 상태 표시 줄, 스크롤 막대 등 창의 여러 부분을 식별한다.
2.2.2	창을 열고, 축소하고, 확장하고, 복원하고, 최대화하고, 크기를 조정하고, 이동하고, 닫는다.
2.2.3	열려있는 창 사이를 전환한다.

문제 01

바탕 화면의 'My Music' 폴더를 열어 리본 메뉴를 확장하고 [보기] 탭으로 이동한 후 창을 닫고 'My Music' 폴더 바로 가기를 제거하시오.

❶ 바탕 화면의 [My Music] 아이콘을 더블 클릭하여 창을 연다.

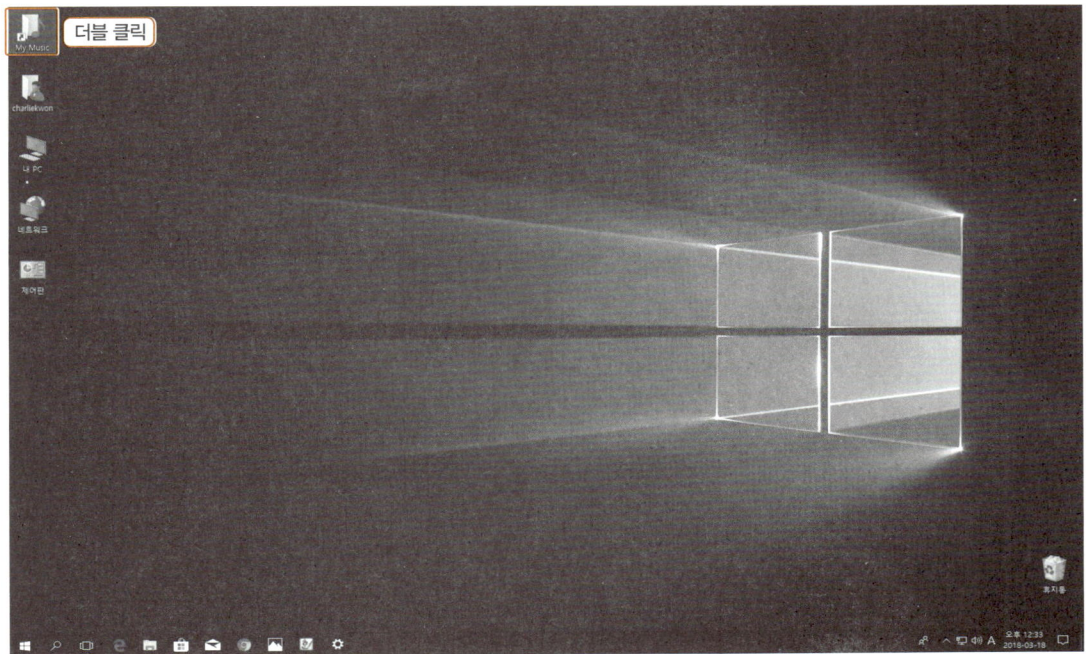

❷ [파일 탐색기] 창의 오른쪽 상단에 [확장] 단추를 클릭한다.

❸ 리본 메뉴의 [보기] 탭을 클릭하여 이동한 후 [창 닫기] 단추를 클릭한다.

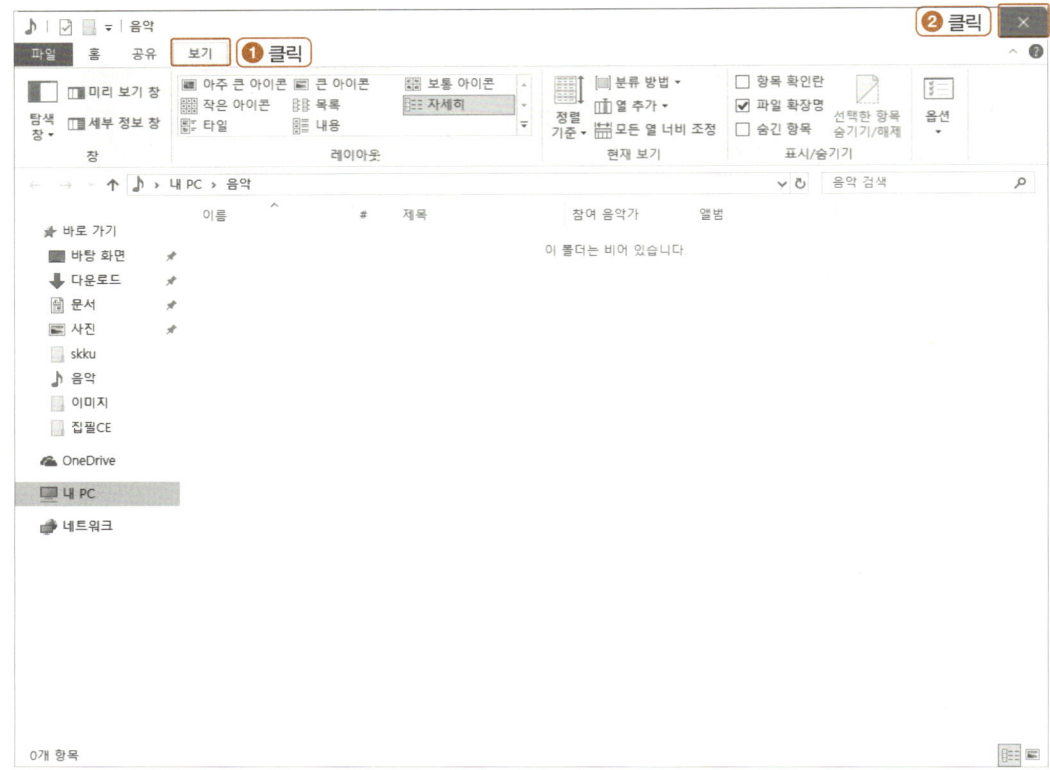

❹ [My Music] 아이콘을 휴지통으로 드래그하여 삭제한다.

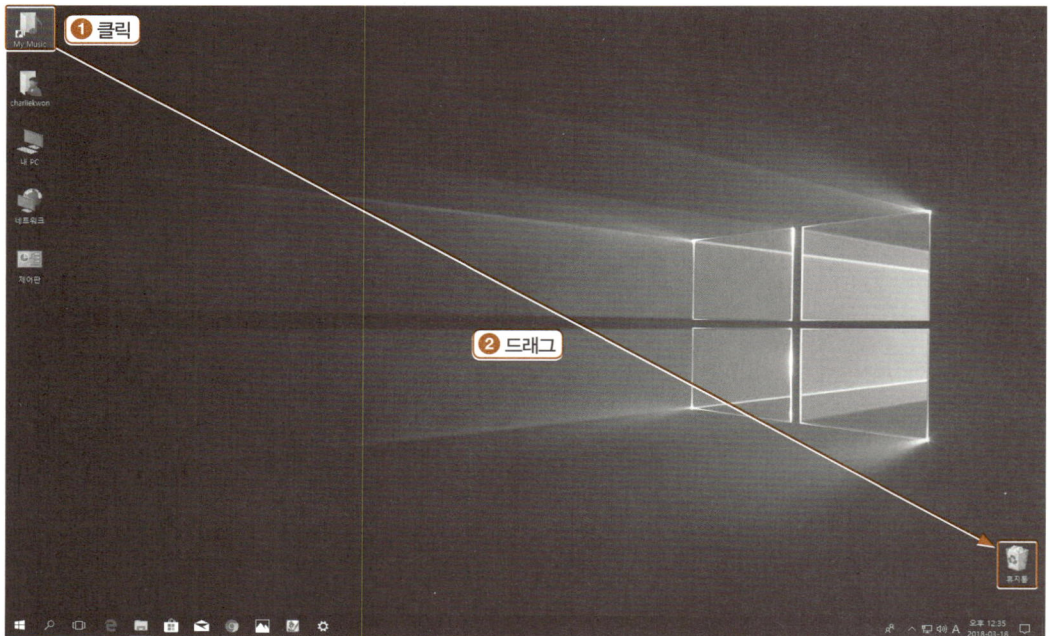

'내 PC'와 '제어판'을 열어 창을 최대화한 후 창을 전환하시오.

해설

창 전환 : Windows 운영체제의 가장 큰 장점은 멀티태스킹 기능이다. 인터넷 익스플로러, 문서 작성, 이미지 편집 작업 등 다양한 편집 프로그램을 동시에 열어두고 작업이 가능하며, 이때 작업 표시줄 또는 단축키 [Alt]+[Tab] 키를 눌러 전환할 수 있다.

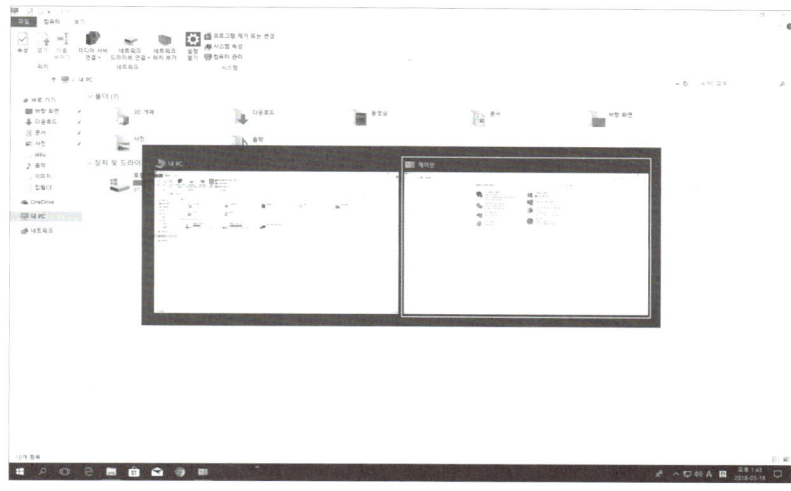

❶ 바탕 화면의 [내 PC] 아이콘을 더블 클릭하여 창을 연다.

❷ [파일 탐색기] 창의 오른쪽 상단에 [최대화] 단추를 클릭한다.

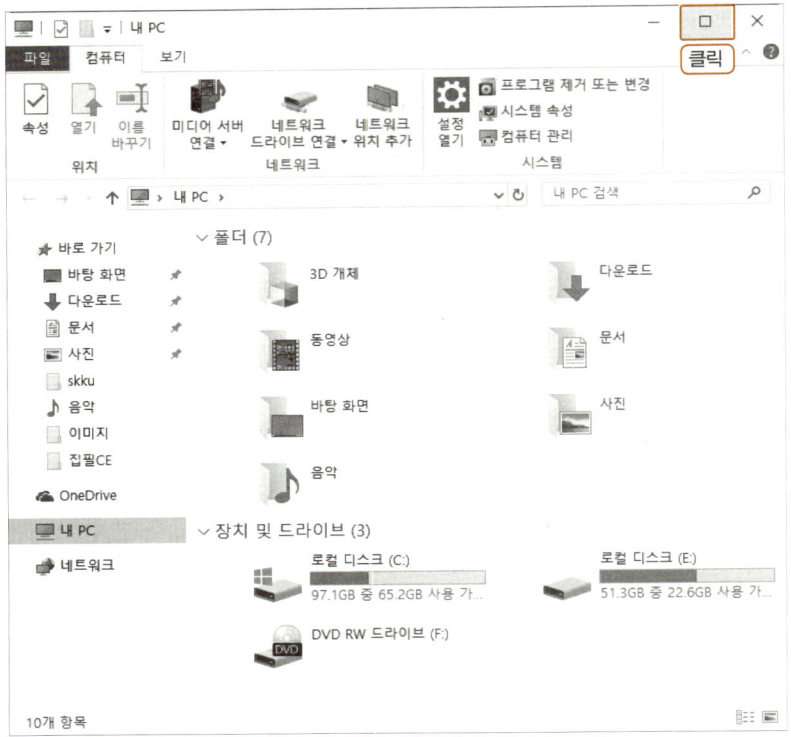

❸ [파일 탐색기] 창의 오른쪽 상단에 [최소화] 단추를 클릭한다.

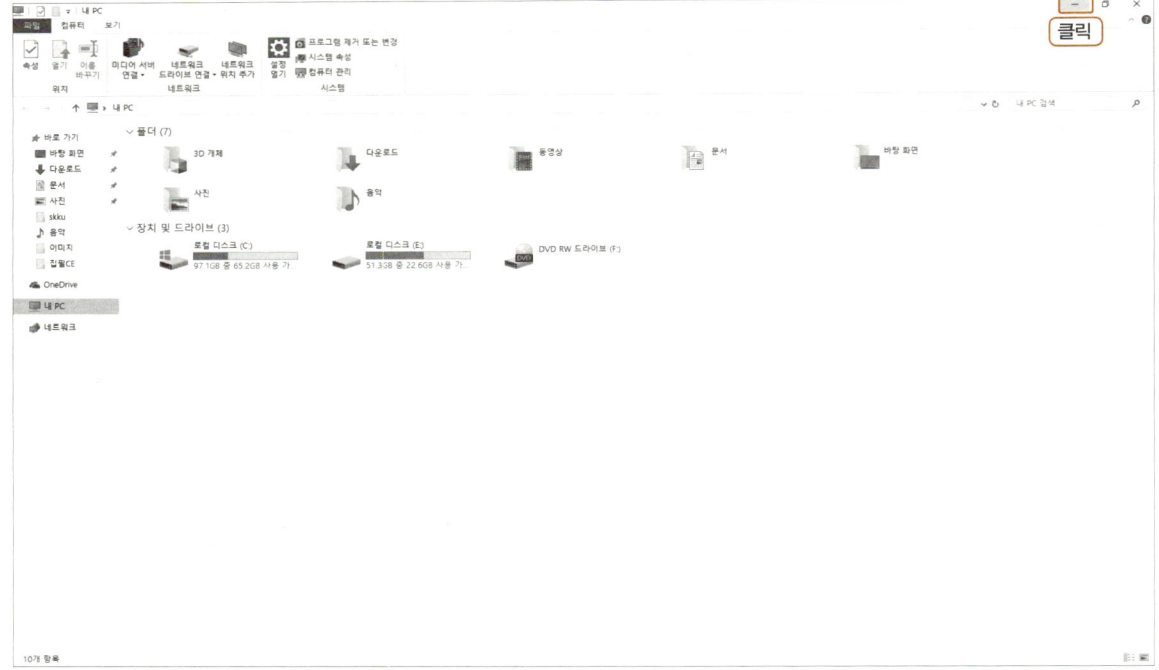

❹ 바탕 화면의 [제어판] 아이콘을 더블 클릭하여 창을 연다.

❺ [제어판] 창의 오른쪽 상단에 [최대화] 단추를 클릭한다.

❻ 작업 표시줄에서 [내 PC]를 클릭하여 창을 전환한다.

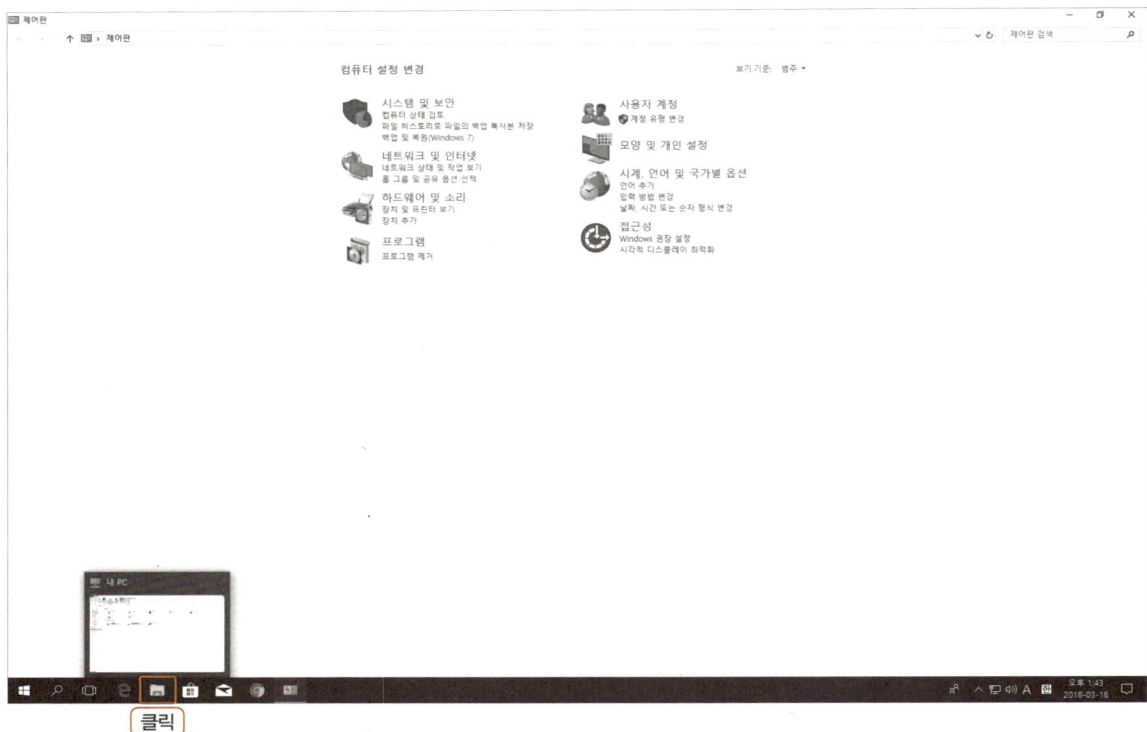

2.3 도구 및 설정

새로운 기기나 제품을 구매하기 전 우리는 그 상품의 특징과 기능을 살펴보고 해당 상품이 나의 업무에 적합한지를 살펴보고 구매하게 된다. 컴퓨터 구매도 이 또한, 마찬가지인데 우선 나의 업무에 적합한 사양을 가지고 있는지를 살펴보고 기본으로 설정된 환경을 나의 업무에 적합한 환경으로 설정하는 일은 가장 우선되어야 할 준비 사항이다. 컴퓨터의 기본 시스템 정보를 직접 확인하고 Windows의 기본 설정을 변경하는 등 다양한 형태로 나에게 적합한 환경을 설정하는 방법을 숙지한다.

실라버스	내용
2.3.1	사용 가능한 도움말 기능을 사용한다.
2.3.2	컴퓨터의 기본 시스템 정보(운영 체제 이름 및 버전 번호, 설치된 RAM)를 확인한다.
2.3.3	바탕 화면 구성 설정 변경 : 날짜 및 시간, 볼륨 설정, 배경, 해상도
2.3.4	키보드 언어 변경, 추가, 제거, 기본 언어를 변경한다.
2.3.5	응답하지 않는 응용 프로그램을 종료한다.
2.3.6	응용 프로그램을 설치하고 제거한다.
2.3.7	장치(USB 플래시 드라이브, 디지털카메라, 미디어 플레이어)를 컴퓨터에 연결한다. 적절한 루틴을 사용하여 장치를 분리한다.
2.3.8	전체 화면 활성 창 캡처

문제 01

Windows 검색 기능을 이용하여 도움말을 실행하고 'Windows 10 정품인증'에 대한 정보를 확인하시오.

해설

Windows 검색 : Windows에 설치된 앱 또는 파일 및 설정을 검색하여 실행

❶ 작업 표시줄의 [Windows 검색] 아이콘을 클릭한다.

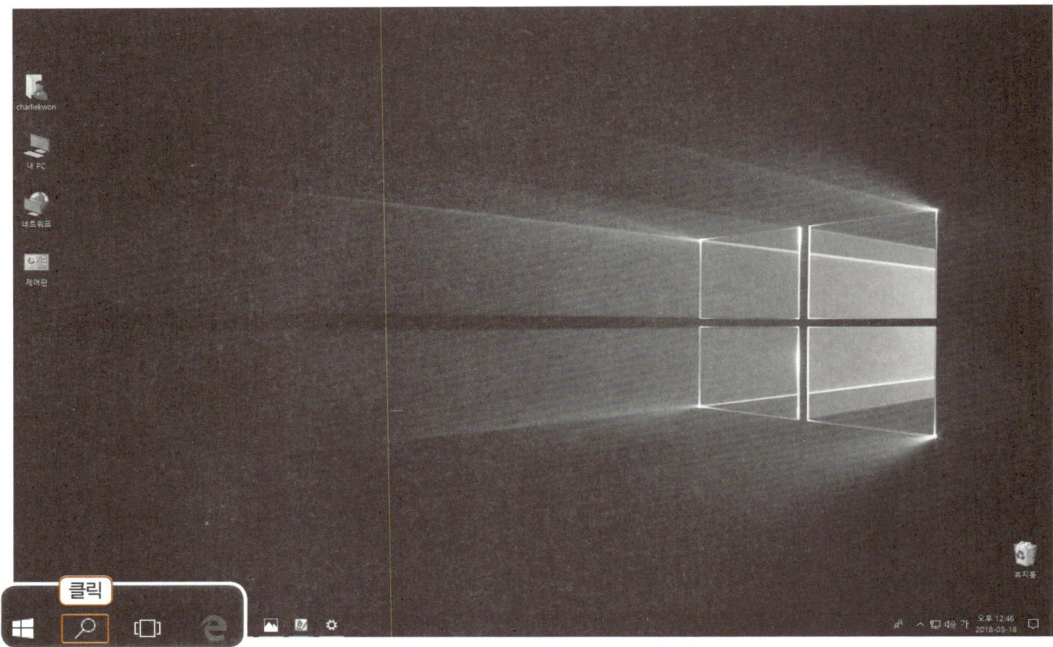

❷ Windows 검색창에서 '도움말'을 입력한 후 Enter 키를 누른다.

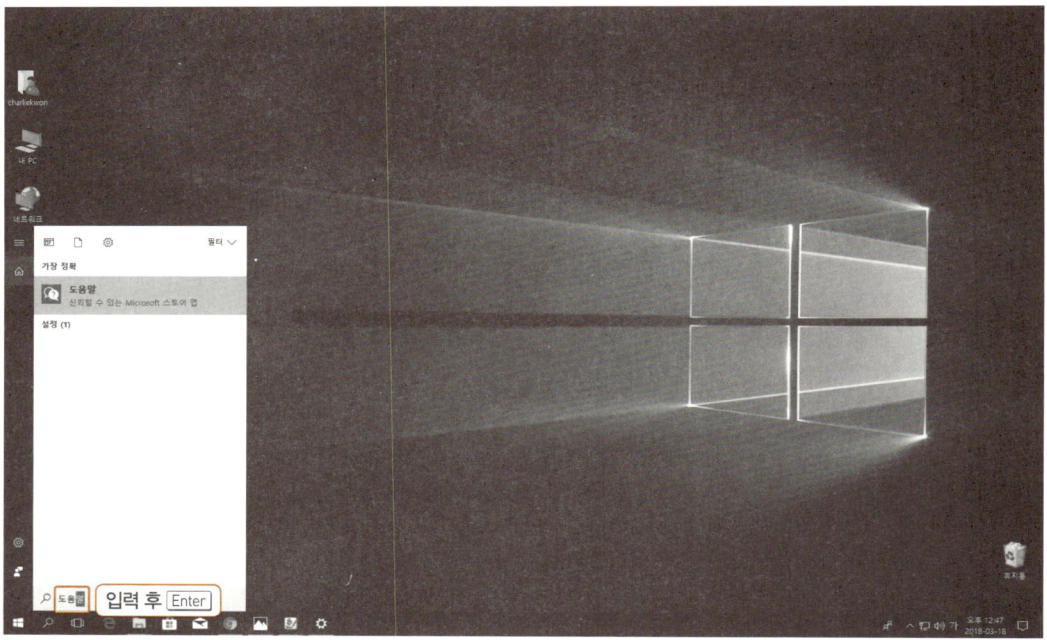

❸ 도움말 창에서 설명 입력 부분을 클릭하여 'Windows 10 정품인증'을 입력한 후 [다음] 버튼을 클릭한다.

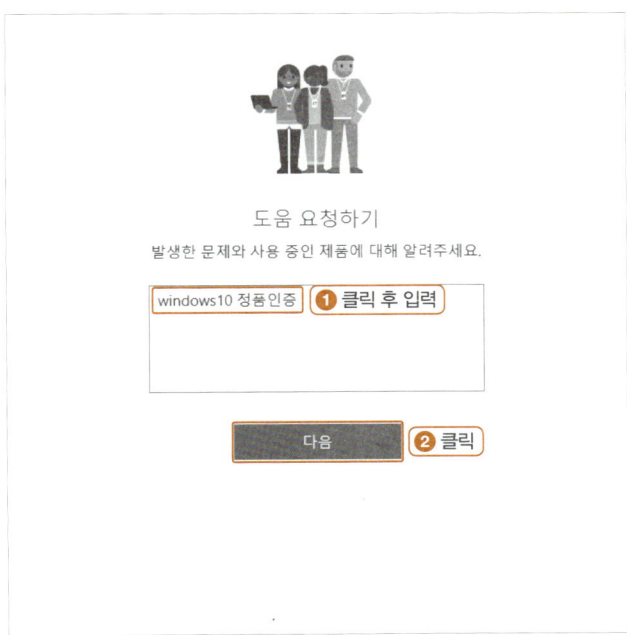

❹ 제품 선택 창에서 [Windows]를 선택한다.

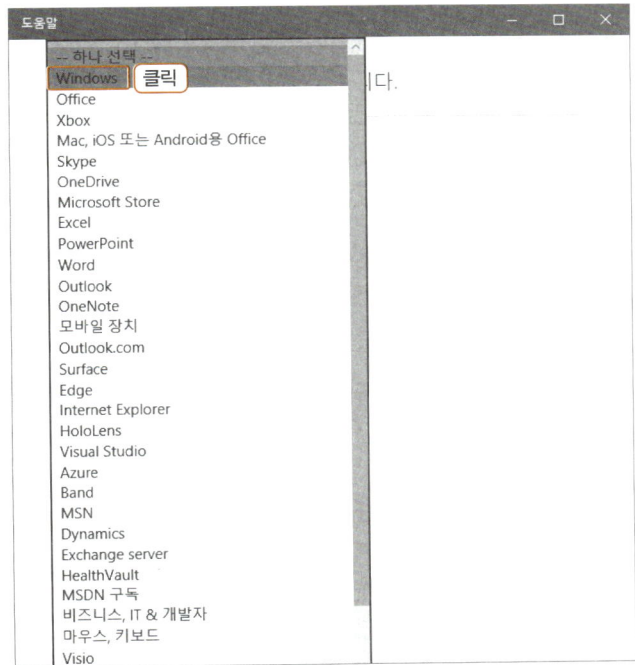

❺ 문제 선택에서 [정품 인증 및 제품 키]를 선택한다.

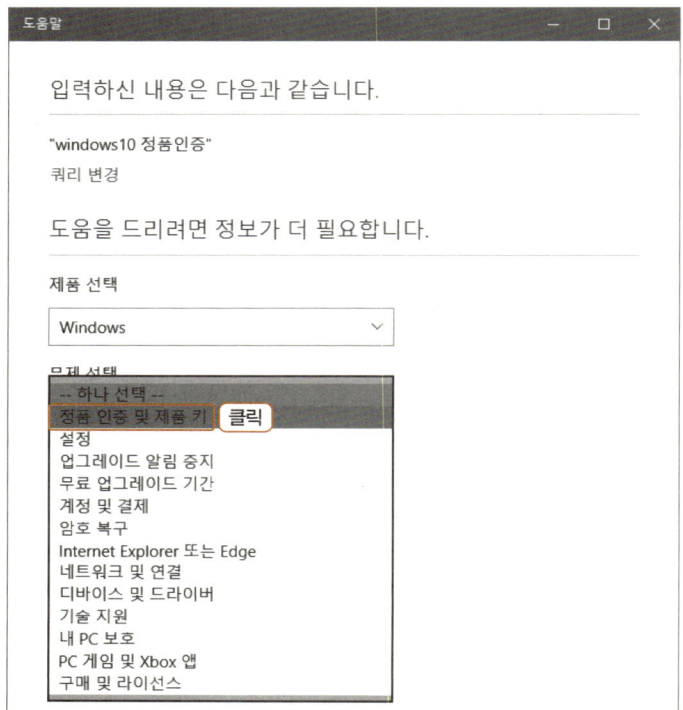

❻ 이 도움말 콘텐츠 사용 목록에서 [Windows 도움말]을 클릭한다.

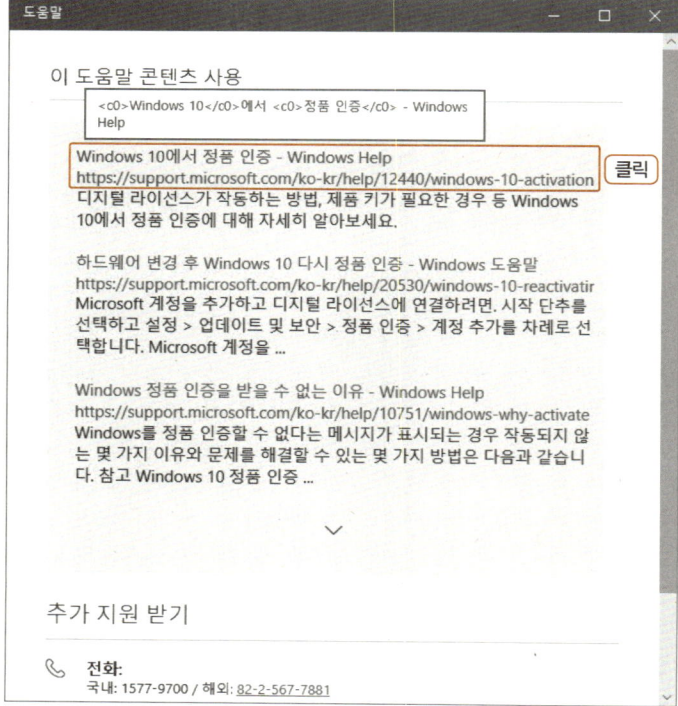

❼ 인터넷 익스플로러를 통해 'Windows 10에서 정품 인증'에 관한 내용을 확인한다.

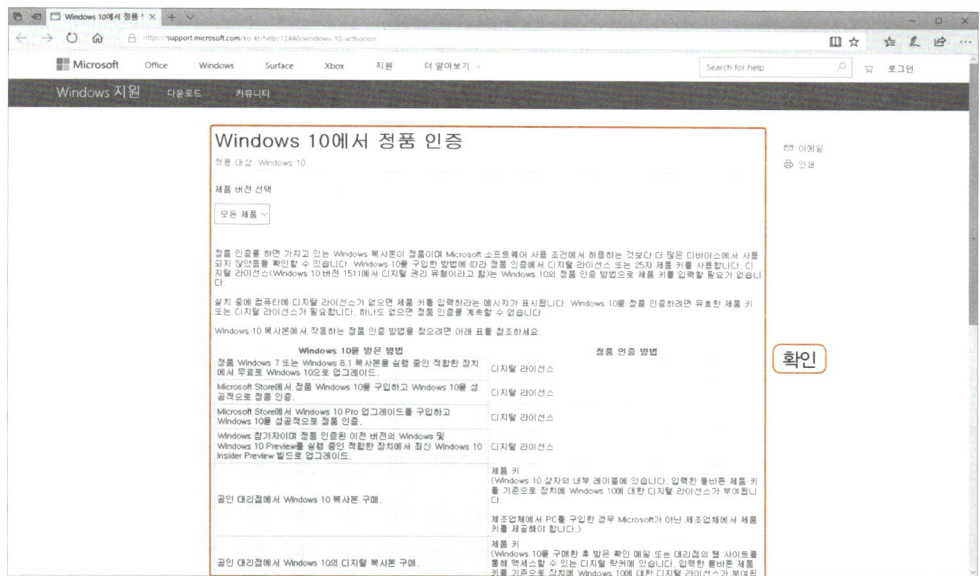

문제 02

현재 사용 중인 컴퓨터에 설치된 메모리 정보를 확인하시오.

해설

알림 센터 : 작업 표시줄의 오른쪽에는 알림 센터 단추를 제공한다. 알림 센터를 이용하여 '시스템' 창을 여는 것뿐만 아니라 자주 사용하는 설정 및 기능을 실행할 수 있으며, 사용자가 필요에 따라 특정 설정을 추가하거나 제거할 수 있다.

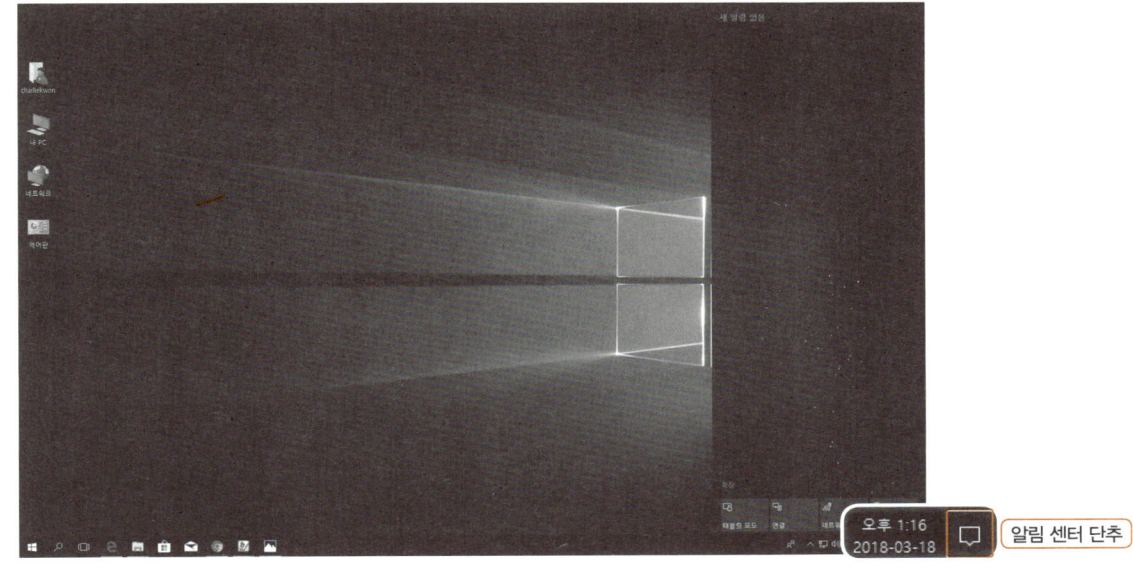

❶ 작업 표시줄의 [시작] 단추를 클릭하고 [설정]을 클릭한다.

❷ [Windows 설정] 창에서 [시스템]을 클릭한다.

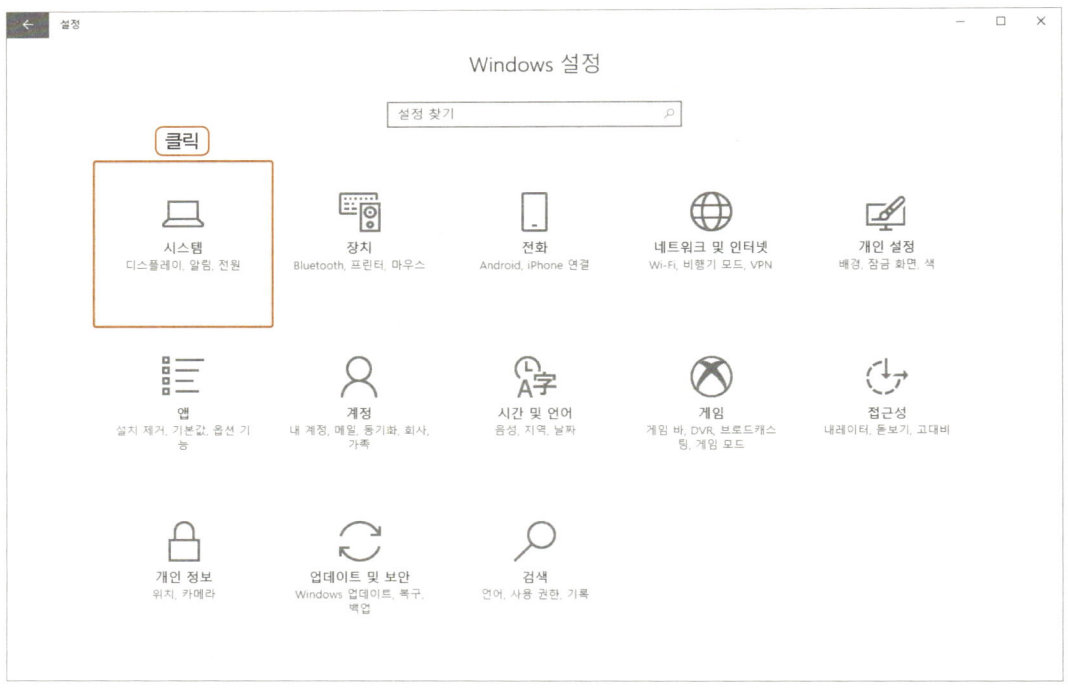

❸ 디스플레이 항목에서 [정보]를 클릭한다.

❹ 컴퓨터에 설치된 메모리 정보를 확인한다.

Windows에 '독일어(독일)' 언어를 추가하시오.

해설

언어 변경 : 작업 표시줄의 오른쪽 하단의 언어 변경 단추를 이용하여 변경하거나 단축키[Windows + Spacebar]를 눌러도 된다.

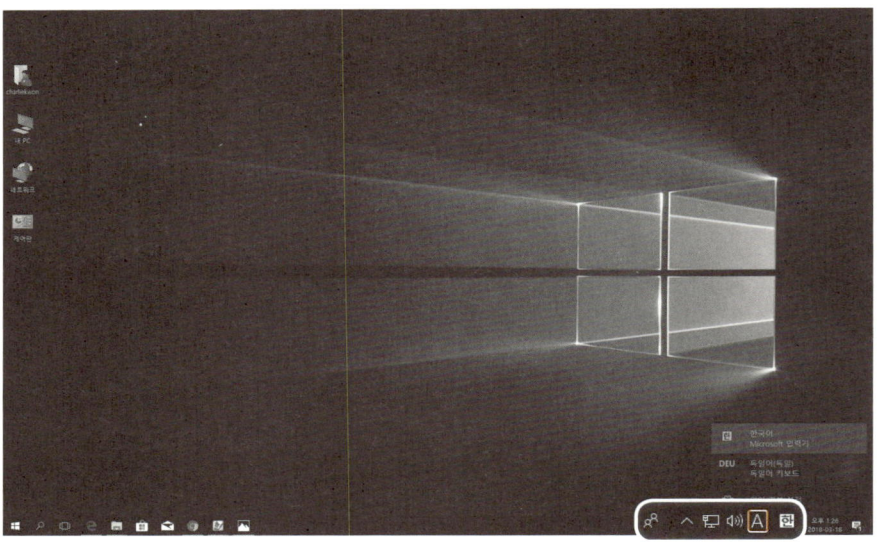

❶ 작업 표시줄에서 [시작] 단추를 클릭하고 [설정]을 클릭한다.

❷ [Windows 설정] 창에서 [시간 및 언어]를 클릭한다.

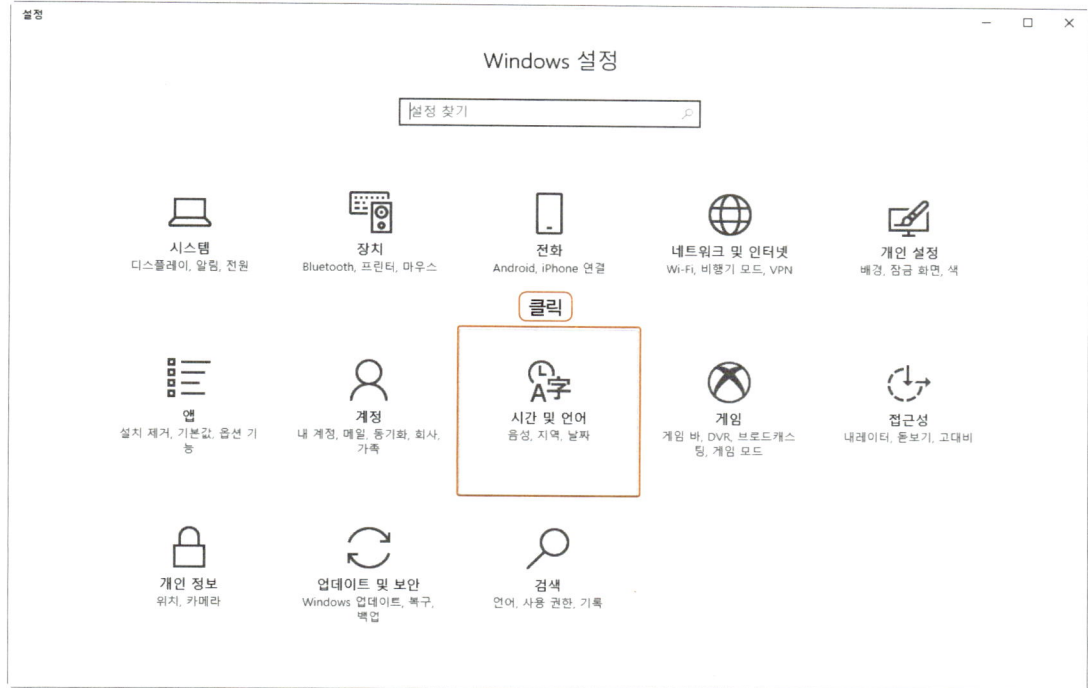

❸ 날짜 및 시간 항목에서 [지역 및 언어]를 클릭한다.

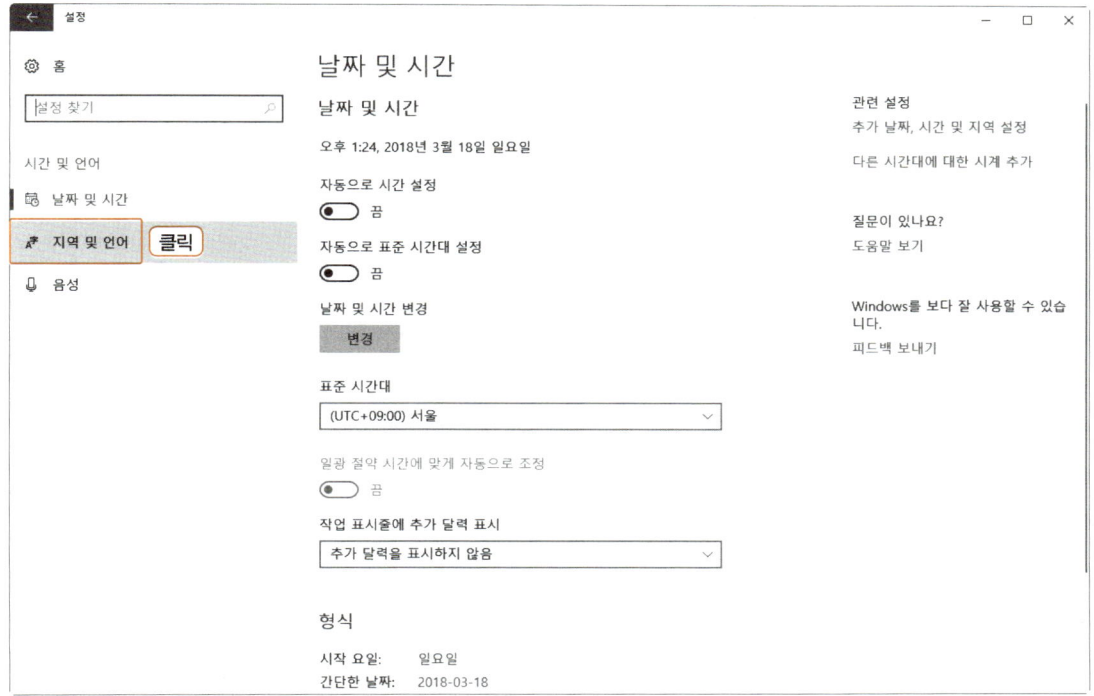

❹ 언어 항목의 [언어 추가]를 클릭한다.

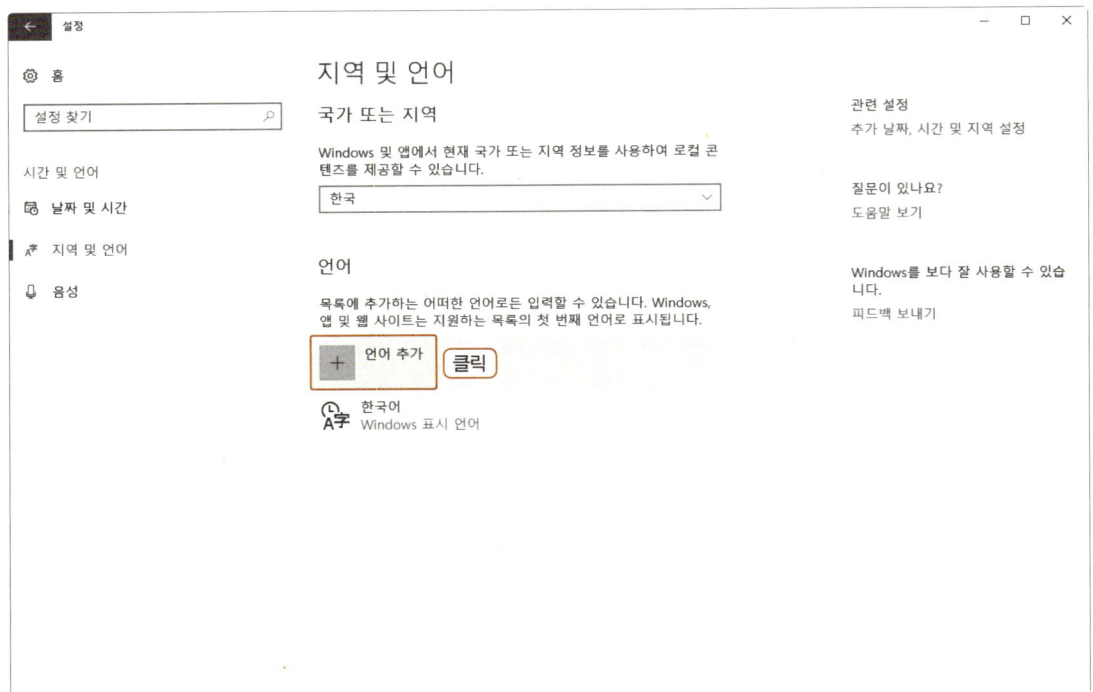

❺ 언어 추가 항목에서 [독일어]를 클릭한다.

❻ Deutsch 항목에서 [독일어(독일)]을 클릭한다.

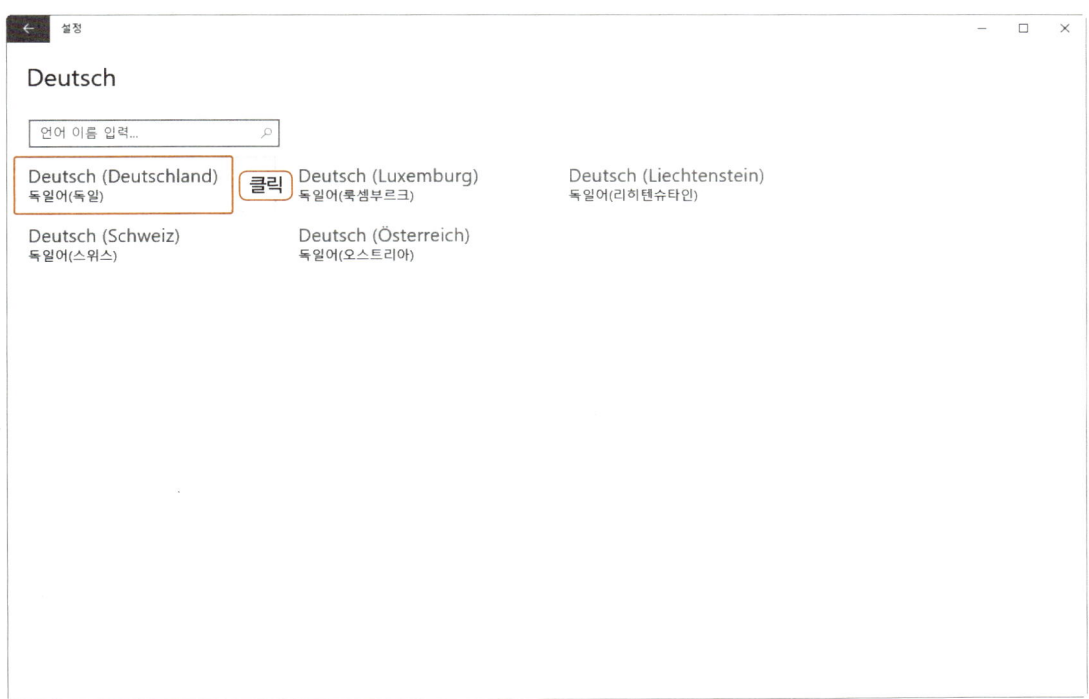

❼ 새로운 언어가 추가되고 추가된 언어는 언어 항목에서 확인할 수 있다.

Windows의 배경을 '꽃 배경'으로 변경하시오.

해설

배경 설정 : Windows에서 제공하는 테마 이외에 개인적으로 보관하고 있는 사진을 이용하여 Windows 배경으로 사용할 수 있다. 또한, 여러 사진을 가지고 있는 경우 다음 사진으로 변경되는 시간까지 설정이 가능하다.

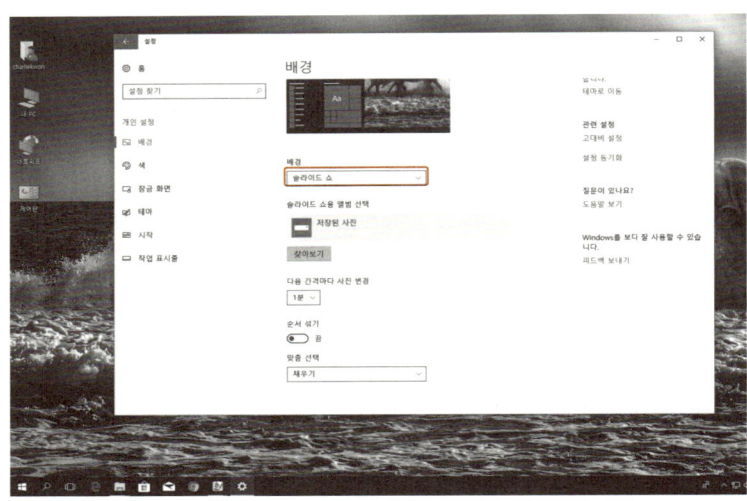

| 배경 |

– 슬라이드 쇼 : 여러 사진을 시간으로 설정하여 변경
– 사진 : 보관 중인 사진 한 장을 배경으로 설정
– 단색 : 한 가지 색상으로 배경 설정

❶ 작업 표시줄의 [시작] 단추를 클릭하고 [설정]을 클릭한다.

❷ 'Windows 설정'에서 [개인 설정]을 클릭한다.

❸ 배경 항목에서 [테마]를 클릭한다.

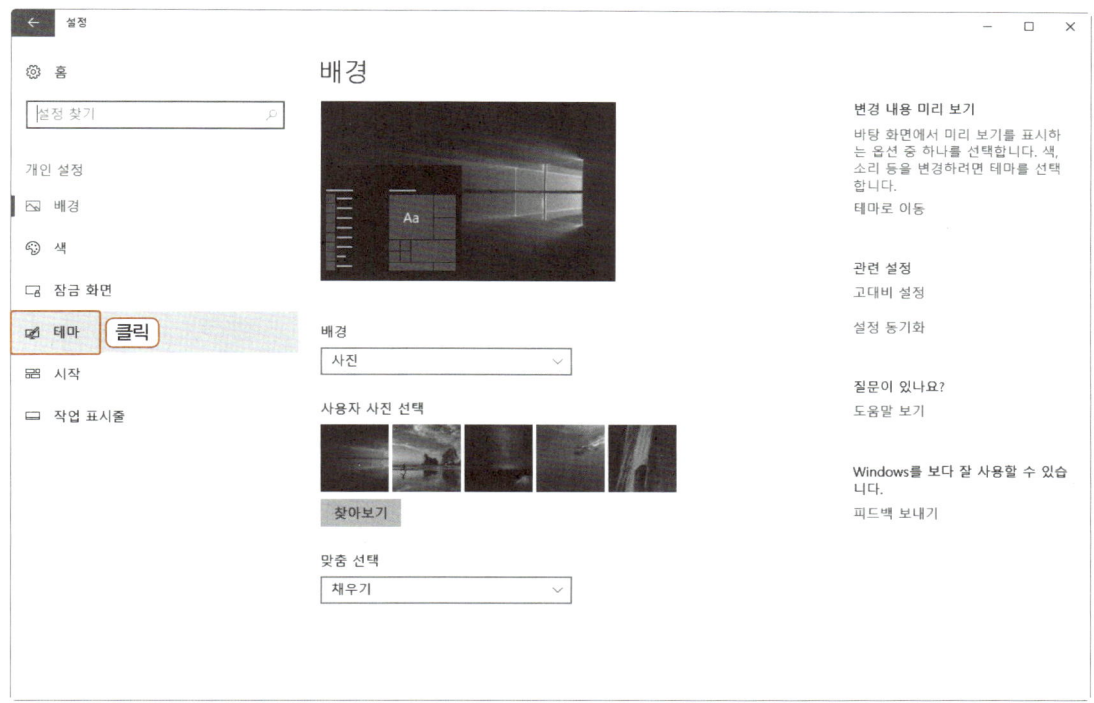

❹ 테마 적용에서 '꽃'을 클릭하여 적용한다.

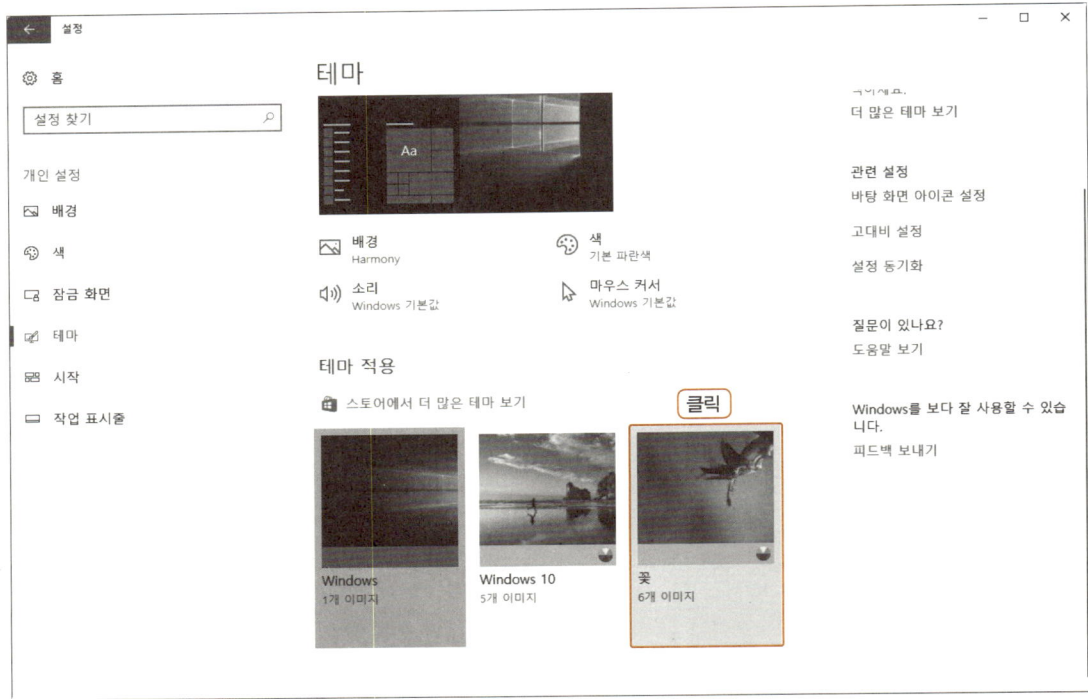

❺ Windows 배경에 '꽃' 태마가 적용된 것을 확인한다.

작업 관리자를 이용하여 실행 중인 앱 중 '그림판'을 강제종료하시오.

해설

작업 관리자 : 작업 관리자는 프로세스를 종료하고 컴퓨터의 성능을 모니터링하는 프로그램이다. 일반적으로 특정 응용 프로그램 사용 도중 '응답 없음'으로 표시되면서 더 이상 프로그램이 실행이 되지 않는 경우 해당 프로그램을 강제로 종료할 때 사용하게 된다. 작업 관리자는 단축키 Ctrl + Shift + Esc 키를 눌러 바로 실행 가능하다.

❶ 작업 표시줄의 [Windows 검색] 아이콘을 클릭한다.

❷ '작업 관리자'를 입력한 후 Enter 키를 눌러 실행한다.

❸ 앱 목록에서 '그림판'을 선택한 후 [작업 끝내기] 버튼을 클릭한다.

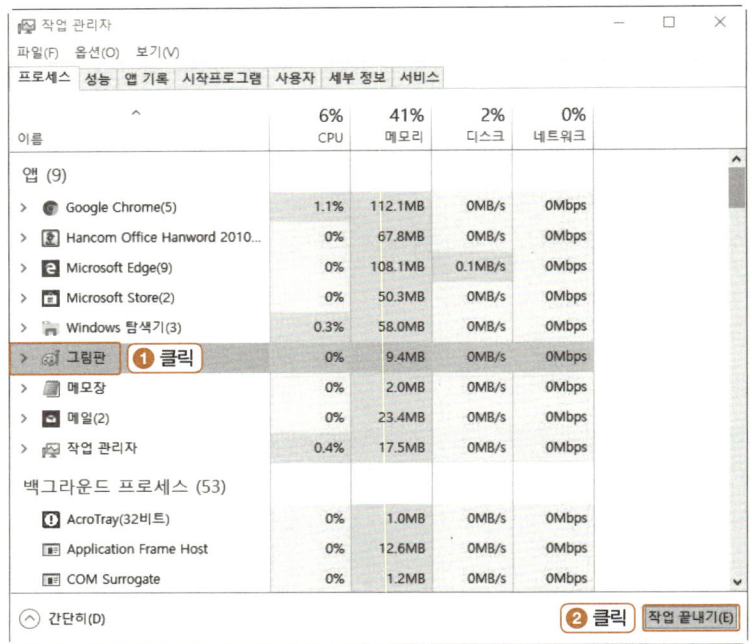

내 PC에 설치된 앱 중 'Skype' 앱을 제거하시오.

❶ 작업 표시줄의 [시작] 단추를 클릭하고 [설정]을 클릭한다.

❷ Windows 설정 창에서 '앱'을 클릭한다.

❸ 앱 및 기능 목록에서 'Skype'를 선택하고 [제거] 버튼을 클릭하여 앱을 제거한다.

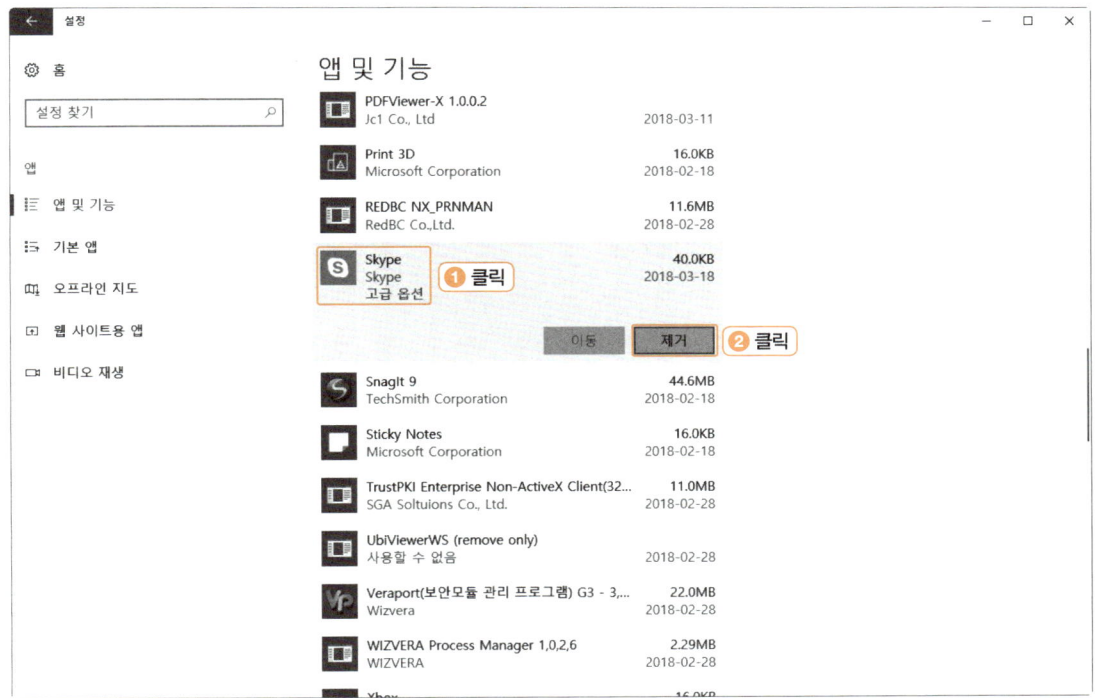

내 PC에 연결된 usb 플래시 드라이브를 정상적인 방법으로 제거하시오.

❶ 작업 표시줄의 오른쪽에 '숨겨진 아이콘 표시' 단추를 클릭한다.

❷ '하드웨어 안전하게 제거 및 미디어 꺼내기'를 클릭한다.

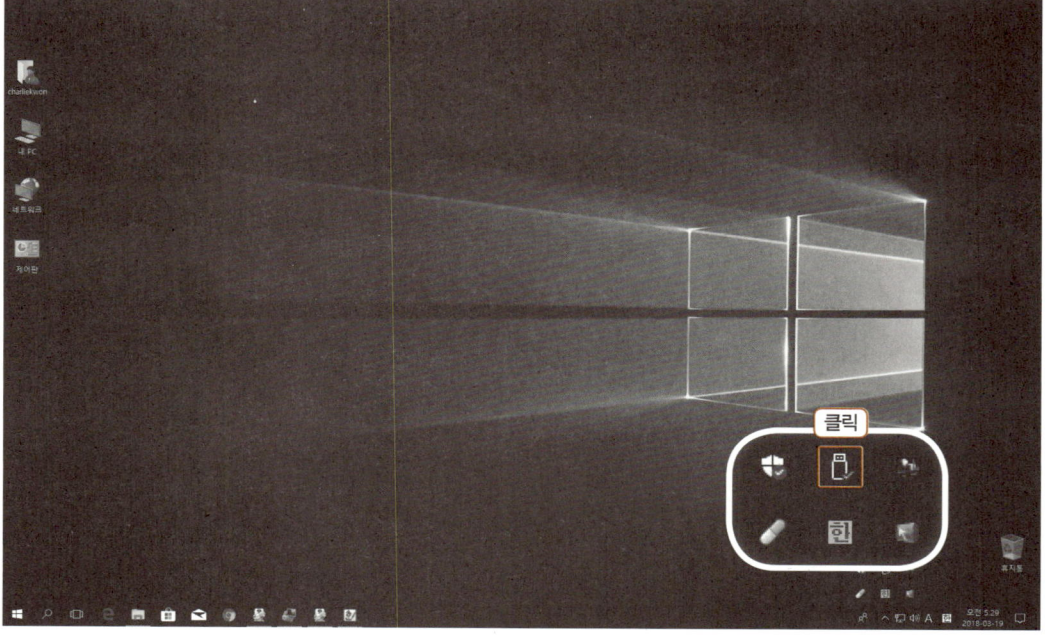

❸ '꺼내기'를 클릭한 후 내 PC에서 분리한다.

usb 플래시 드라이브 제거 : 휴대성이 좋고 빠르게 데이터를 복사 및 이동이 가능한 usb 플래시 드라이브 또는 메모리는 내 PC에서 결합하여 사용 후 바로 잡아당겨 제거하는 경우 데이터를 망실하거나 기기에 문제가 발생될 수 있다. 따라서 정상적인 방법으로 usb 플래시 드라이브를 제거하기를 권장한다. 또한, 탐색창을 열어 제거할 드라이브를 마우스 오른쪽 버튼으로 선택한 후 '꺼내기'를 실행해도 된다.

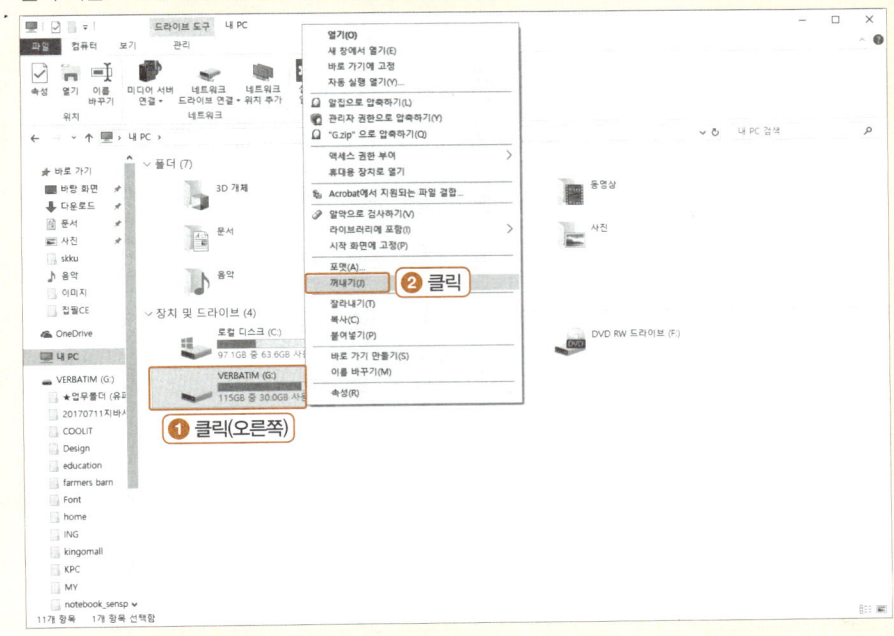

Windows의 보조 프로그램을 이용하여 전체 화면을 캡처한 후 바탕 화면에 임의의 이름으로 저장하시오.

해설

캡처 도구 : Windows에서 제공하는 보조 프로그램으로 자유형, 사각형, 창, 전체 화면을 선택하여 캡처한 후 'jpeg, gif, png' 등 다양한 이미지 파일 형식으로 저장할 수 있도록 지원하는 유용한 프로그램이다.

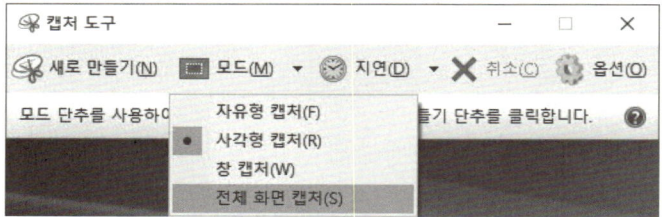

❶ [시작] 단추의 'Windows 보조 프로그램'을 클릭한다.

❷ '캡처 도구'를 클릭한다.

❸ 상단 메뉴의 모드에서 '전체 화면 캡처'를 선택한다.

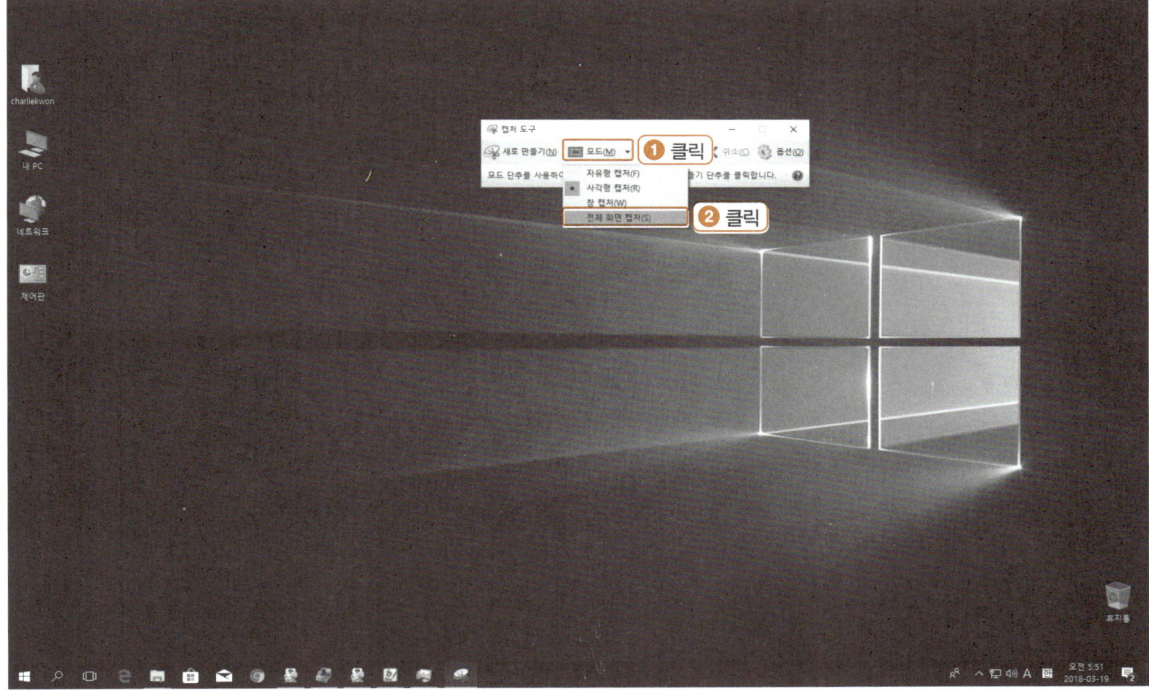

❹ [캡처 도구] 창의 상단에 [저장] 버튼을 클릭한다.

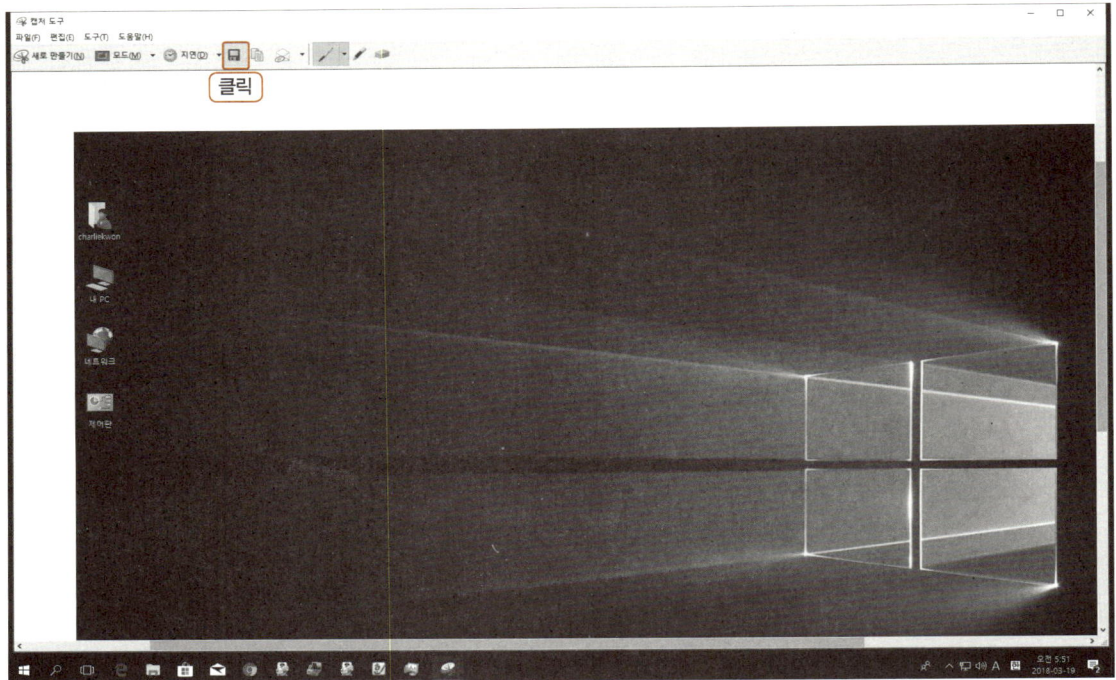

❺ 바탕 화면으로 이동하여 [저장] 버튼을 클릭한다.

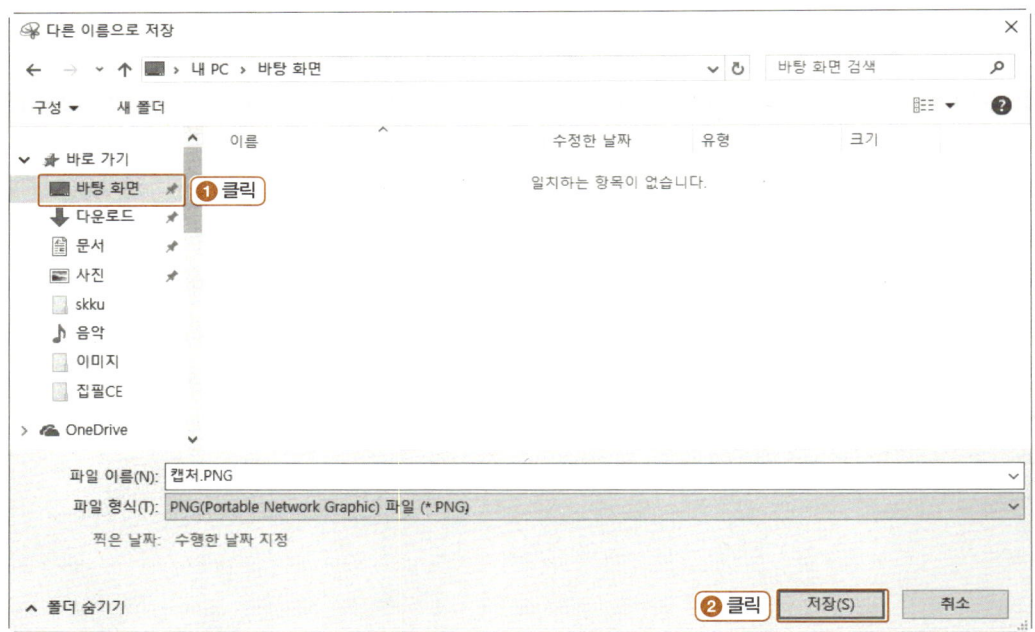

M·E·M·O

출력

컴퓨터의 대표적인 출력 장치로 모니터, 프린터, 스피커 등이 있다. 컴퓨터 사용자가 컴퓨터를 사용하고 작업한 내용을 바로바로 보여주는 모니터는 반드시 필요한 필수 요소이며, 프린터는 작업한 내용을 용지를 통해 출력하고 이를 보관하거나 보고서를 만들어 타인에게 제출 또는 제안하는 용도로 사용된다. 이번 과정에서는 문서 작업을 위한 응용 프로그램의 기본적 사용 방법과 올바른 인쇄를 위한 프린터 설정 및 인쇄 방법에 대해 알아보자.

International
Computer
Driving
Licence

3.1 텍스트 작업

컴퓨터 사용에 있어 문서 작업은 가장 기본이 되고 가장 많이 사용하는 기능 중 하나이다. 메모장, MS 워드, 한글, 엑셀 등 다양한 문서 편집 프로그램 등이 존재하며 서로 다른 개발 회사에서 개발된 프로그램이나 사용 방법은 거의 유사하다. 다양한 문서 편집 응용 프로그램 중 Windows에서 기본으로 제공하는 메모장을 이용하여 텍스트를 입력하고 복사 및 이동, 다른 이름으로 저장 등의 방법 등을 숙지해보자.

실라버스	내용
3.1.1	열기, 워드 프로세싱 응용 프로그램을 닫는다. 파일을 열고 닫는다.
3.1.2	문서에 텍스트를 입력한다.
3.1.3	열려있는 문서 사이에서 텍스트를 복사하고 이동한다. 화면 캡처를 문서에 붙여넣는다.
3.1.4	문서를 저장하고 이름을 지정한다.

문제 01

바탕화면에 있는 'ICDL 장점' 이름의 메모장 파일을 열고 내용 마지막에 '업무 생산성 향상'을 입력한 후 저장하고 닫으시오.

해설

- 저장 : 현재 파일 이름 및 저장 위치에 수정된 사항을 덮어쓰기
- 다른 이름으로 저장 : 수정된 사항을 다른 파일 이름 또는 다른 저장 위치로 변경하여 저장

❶ 바탕화면의 'ICDL 장점' 메모장 파일을 더블 클릭한다.

❷ 메모장 파일이 열리면 내용 마지막을 클릭하여 커서를 위치하고 '업무 생산성 향상'을 입력한다.

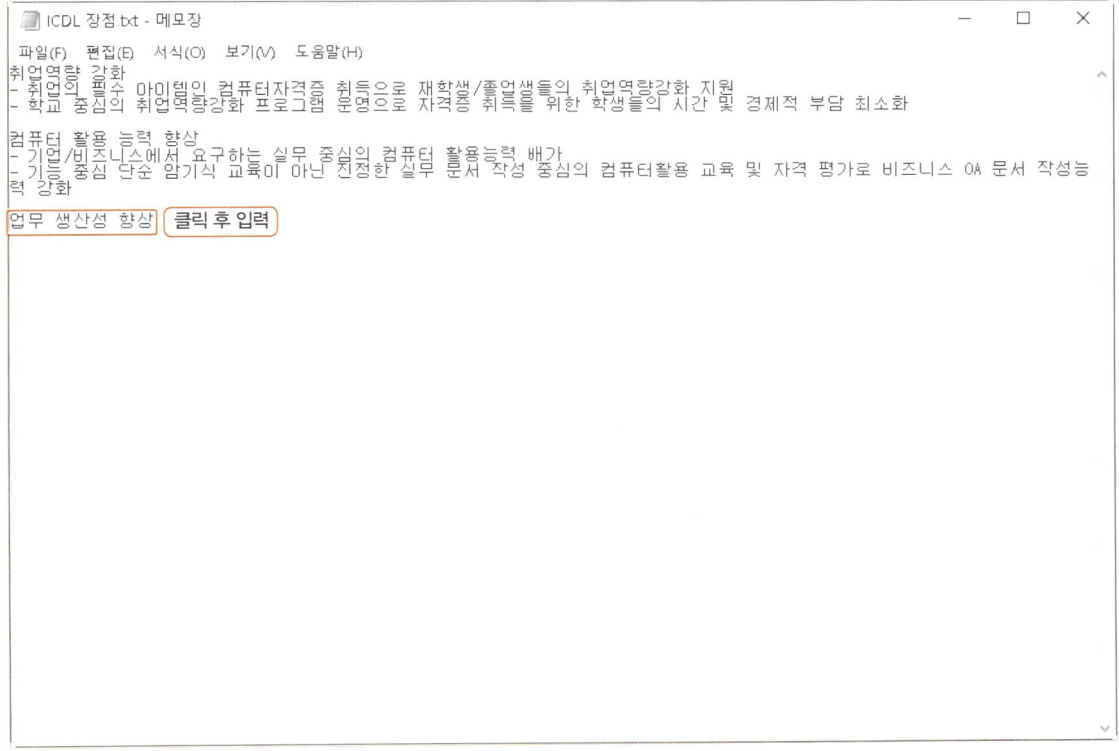

❸ [파일] 메뉴 → [저장]을 클릭하여 변경된 내용을 저장한다.

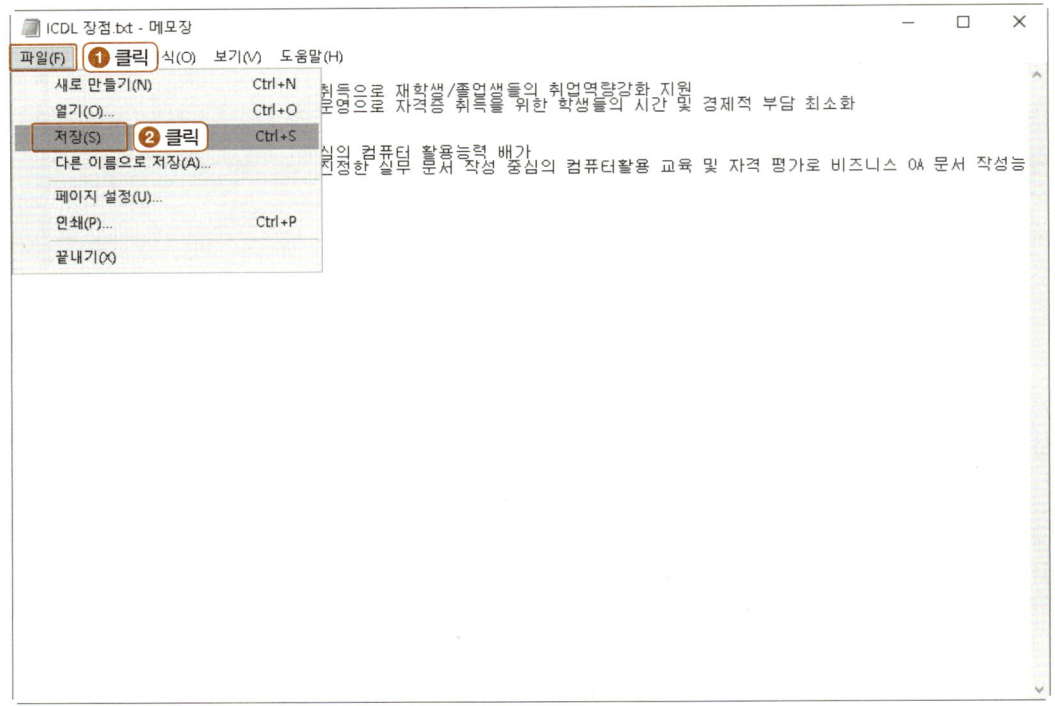

❹ [파일] 메뉴 → [끝내기]를 클릭하여 메모장을 종료한다.

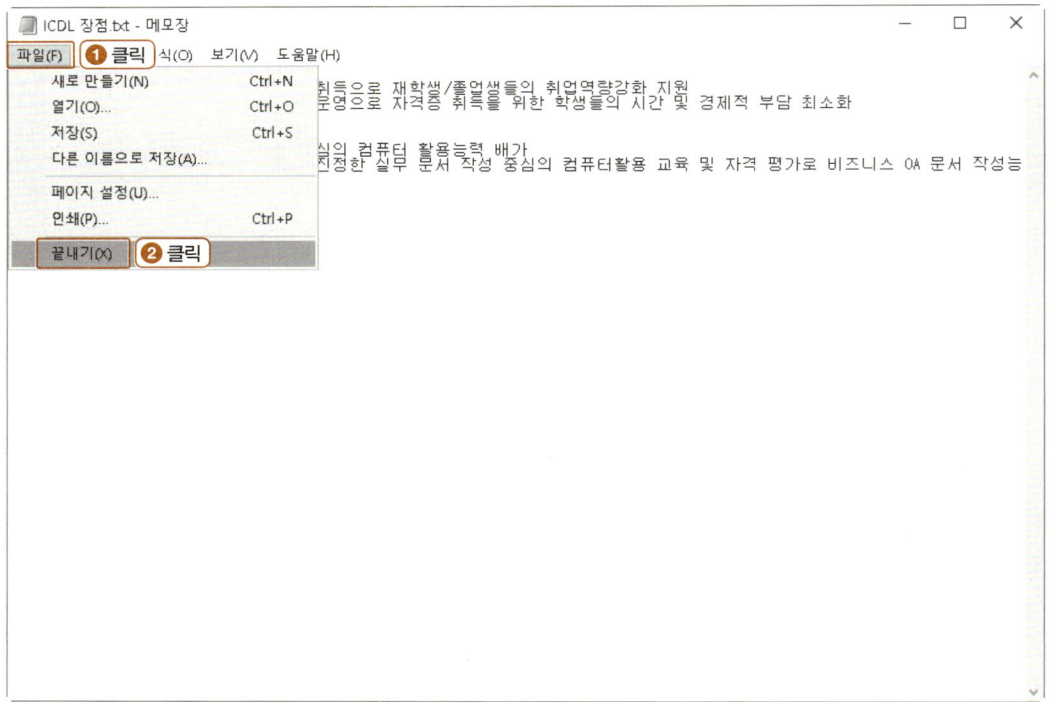

바탕화면의 'ICDL 장점' 이름의 메모장 파일을 열어 창 전체를 캡처하고 그림판에 붙여넣으시오.

❶ 바탕화면의 'ICDL 장점' 메모장 파일을 더블 클릭한다.

❷ [시작] 단추 → [Windows 보조프로그램] → [캡처 도구]를 클릭한다.

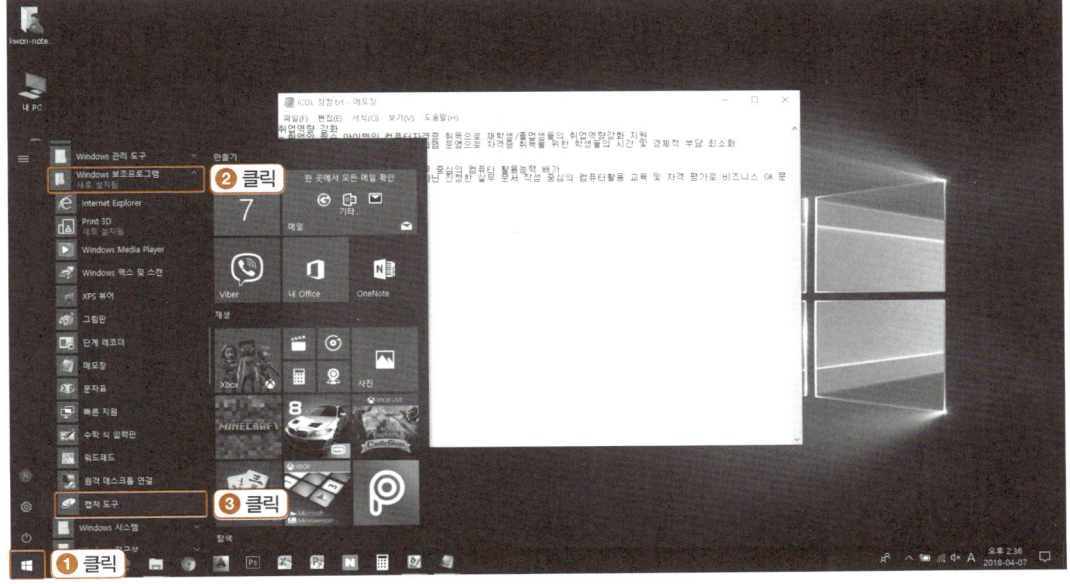

❸ 캡처 도구에서 [모드] → [창 캡처]를 클릭한다.

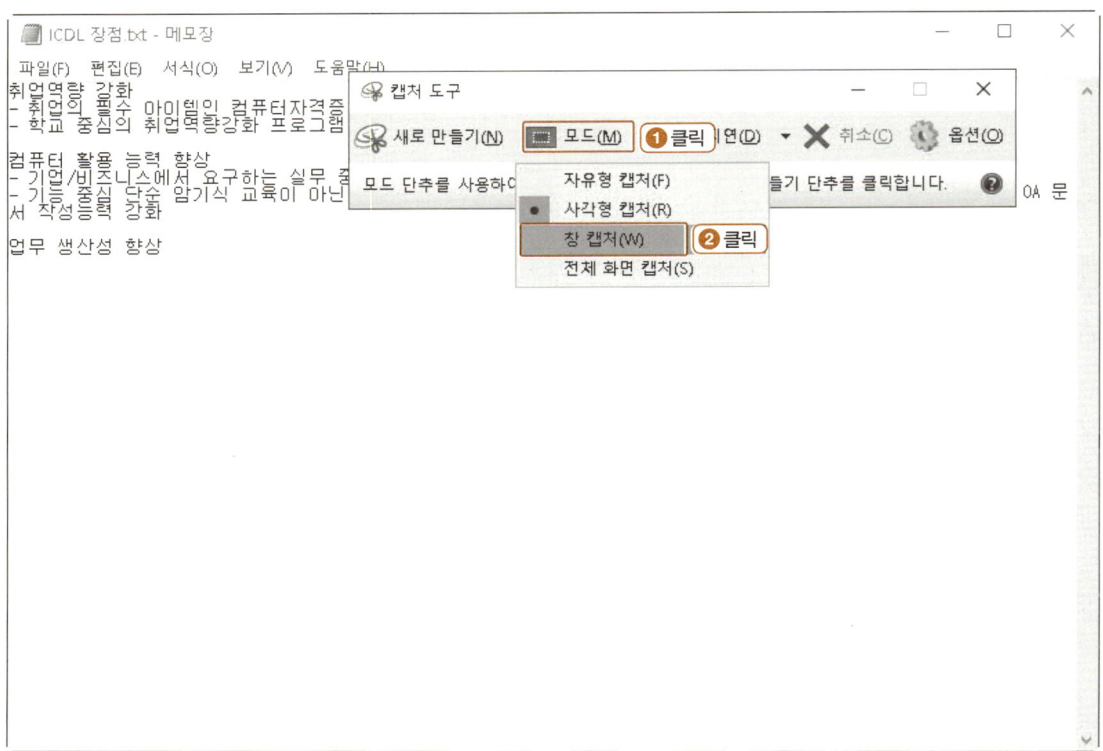

❹ 메모장을 클릭하여 캡처한다.

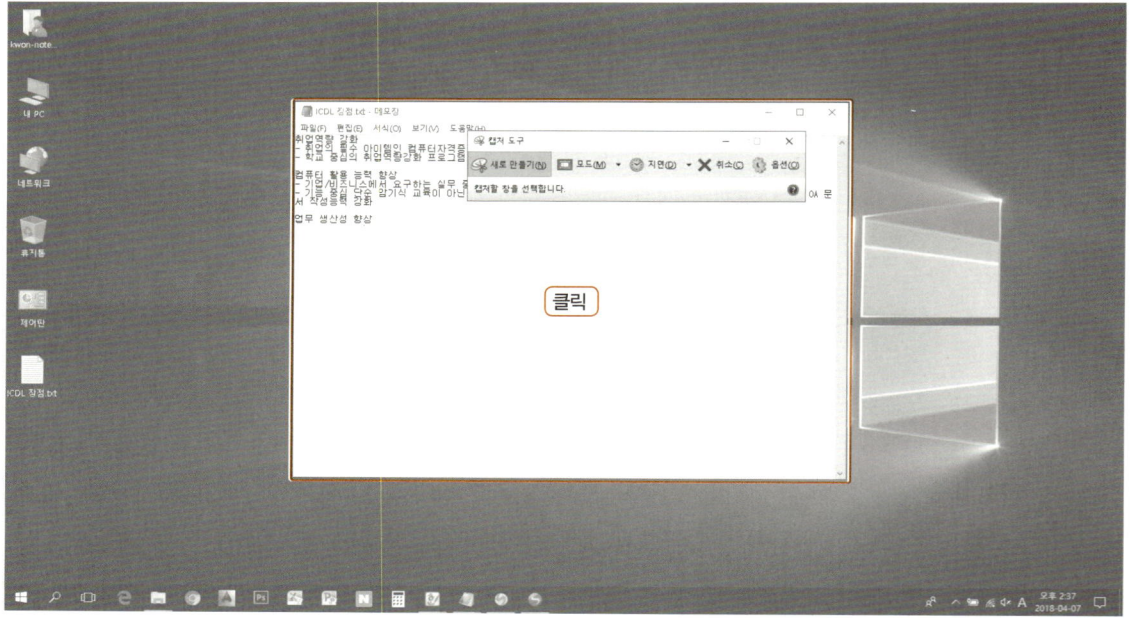

❺ [시작] 단추 → [Windows 보조프로그램] → [그림판]을 클릭한다.

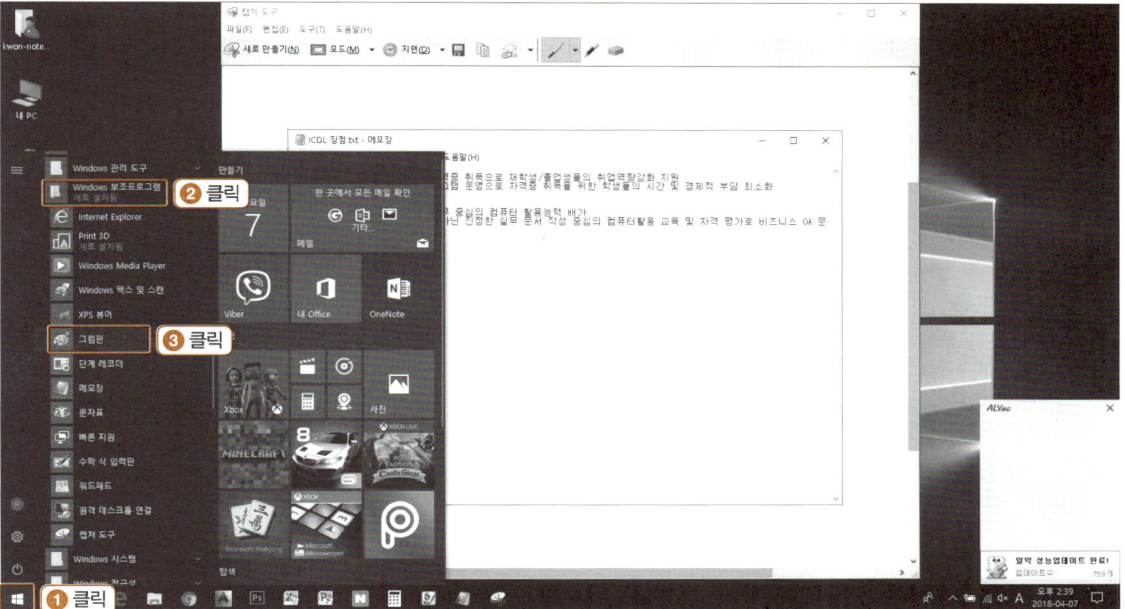

❻ 그림판의 [홈] 탭 → [클립보드] 그룹 → [붙여넣기]를 클릭한다.

그림판의 캡처 이미지를 'ICDL 이미지.jpg'라는 이름으로 '문서' 폴더에 저장하시오.

❶ [파일] 탭 → [다른 이름으로 저장] → [JPEG 그림]을 클릭한다.

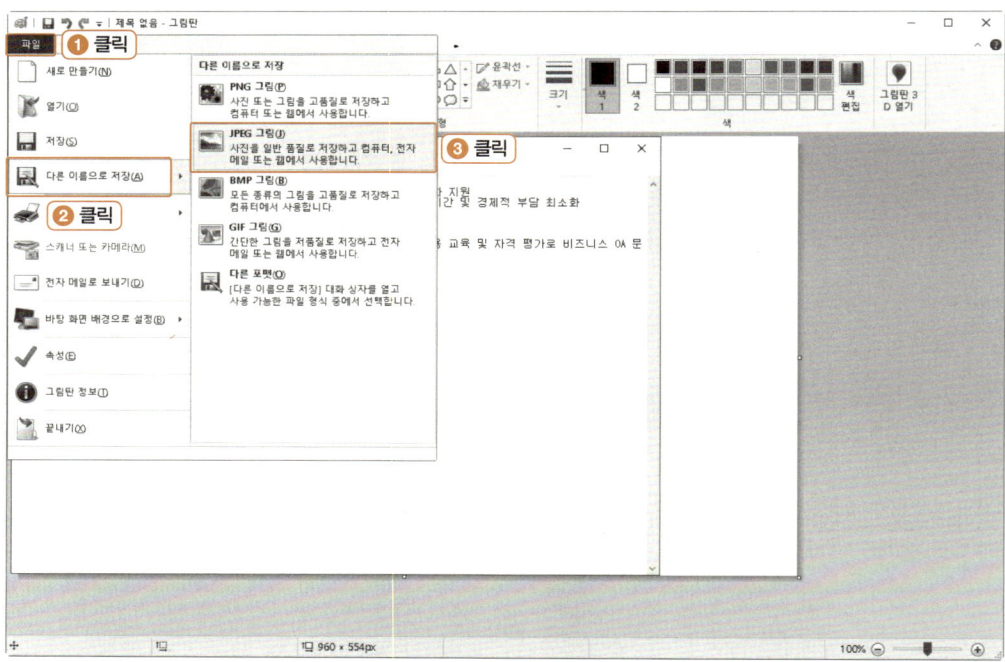

❷ [다른 이름으로 저장] 대화상자에서 '문서' 아이콘을 더블 클릭하여 이동한다.

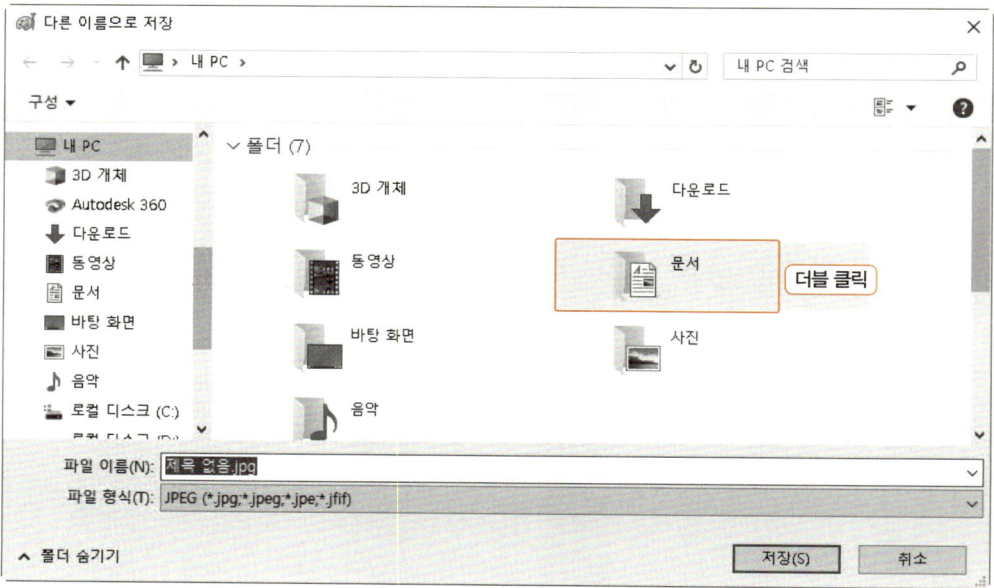

❸ 파일 이름에 'ICDL 이미지'로 입력한 후 [저장] 버튼을 클릭한다.

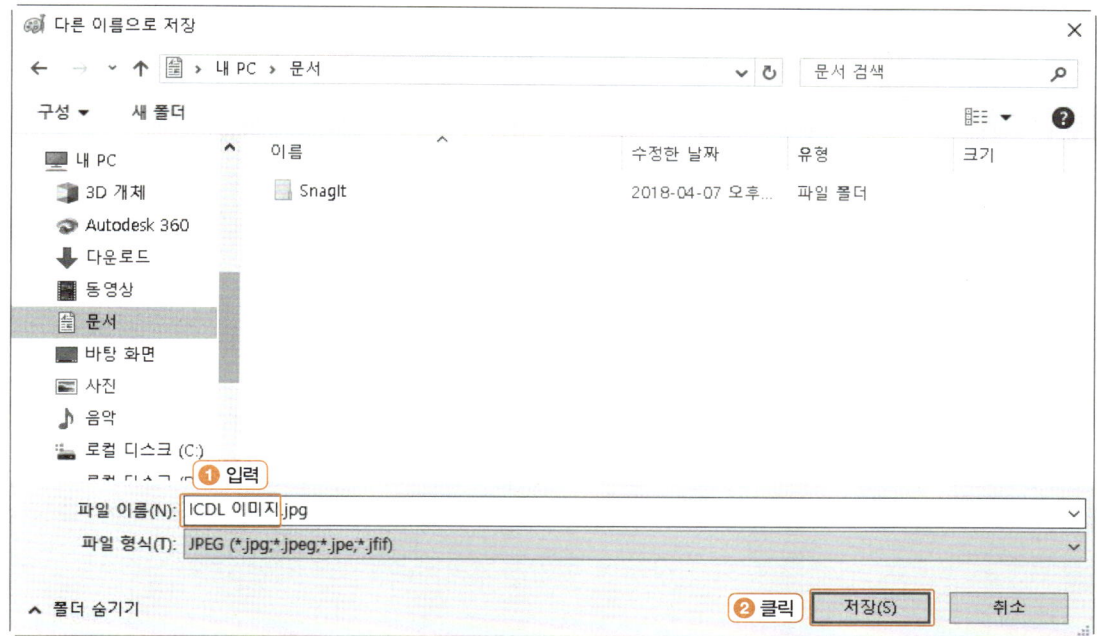

3.2 인쇄

최근 출시되는 대부분의 프린터는 USB 포트를 이용하여 컴퓨터에 연결되며 이를 컴퓨터에 연결하면 바로 사용이 가능한 경우도 있으나 프린터의 드라이버를 설치해야 사용이 가능한 경우도 있다. 프린터 드라이버가 필요한 경우에는 각 프린터 제조사의 홈페이지 또는 프린터와 함께 동봉된 CD 등을 이용하여 설치하면 된다. 올바른 인쇄를 위하여 프린터를 연결하고 테스트 페이지 인쇄를 통해 정상적인 연결을 확인하며 인쇄 작업 내용 확인 및 기본 프린터를 통해 문서 내용을 인쇄하는 방법 등을 숙지해보자.

실라버스	내용
3.2.1	프린터를 설치하고 제거한다. 테스트 페이지를 인쇄한다.
3.2.2	설치된 프린터 목록에서 기본 프린터를 설정한다.
3.2.3	워드 프로세싱 응용 프로그램에서 문서를 인쇄한다.
3.2.4	인쇄 작업보기, 일시 중지, 다시 시작, 취소

문제 01

현재 사용 중인 컴퓨터에 임의의 프린터를 설치하고 테스트 페이지를 인쇄하시오.

❶ 작업 표시줄의 [시작] 단추를 클릭한 후 [설정]을 클릭한다.

❷ [Windows 설정] 대화상자에서 [장치]를 클릭한다.

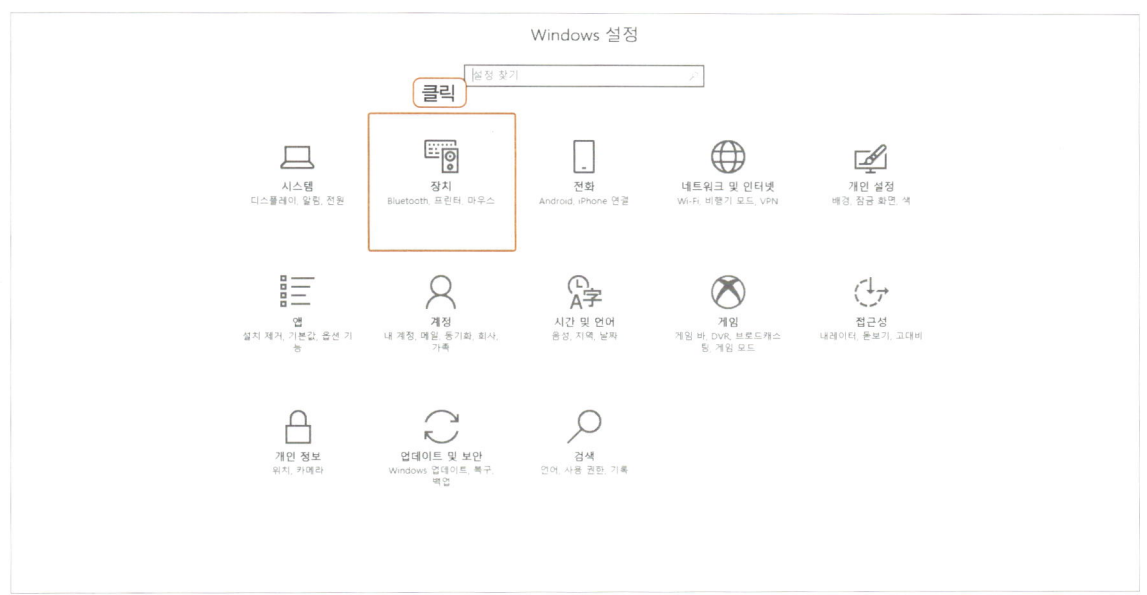

❸ [Bluetooth 및 기타 디바이스] 대화상자에서 [장치 및 프린터]를 클릭한다.

❹ [장치 및 프린터] 대화상자에서 [프린터 추가]를 클릭한다.

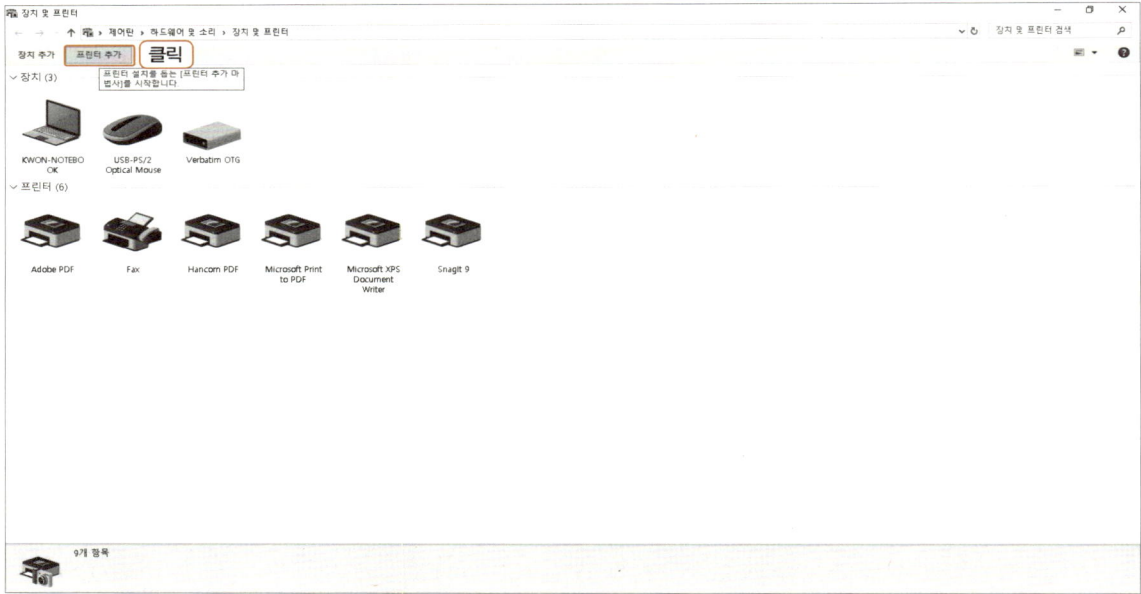

❺ [장치 추가] 대화상자에서 '원하는 프린터가 목록에 없습니다.'를 클릭한다.

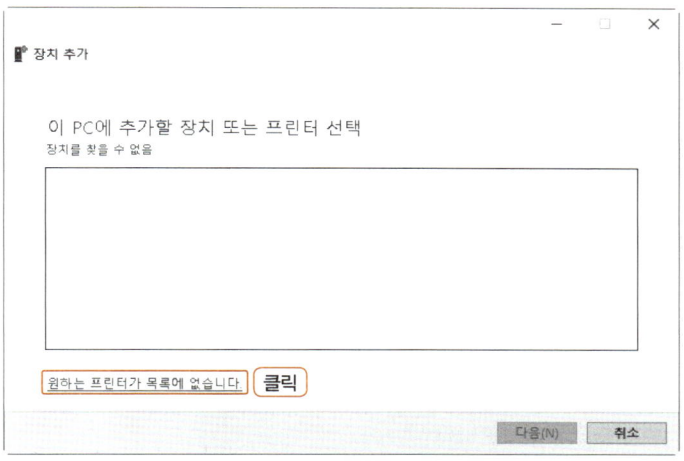

장치 추가 : 컴퓨터에 연결되는 프린터, 마우스, 키보드, 디지털카메라 등 대부분의 장치는 usb를 통해 연결되며, 이를 자동으로 인식하는 경우는 바로 사용이 가능하다. 하지만 이를 올바르게 인식하지 못하는 경우에는 위 과정과 같이 연결하고자 하는 장치의 제조회사 및 모델명을 확인하여 그에 해당하는 드라이버를 사용자가 직접 설치해야 한다. 드라이버는 해당 제조회사 홈페이지를 통해 무료 다운로드 및 설치가 가능하다.

❻ [프린터 추가] 대화상자에서 '수동 설정으로 로컬 프린터 또는 네트워크 프린터 추가' 옵션을 선택한 후 [다음] 버튼을 클릭한다.

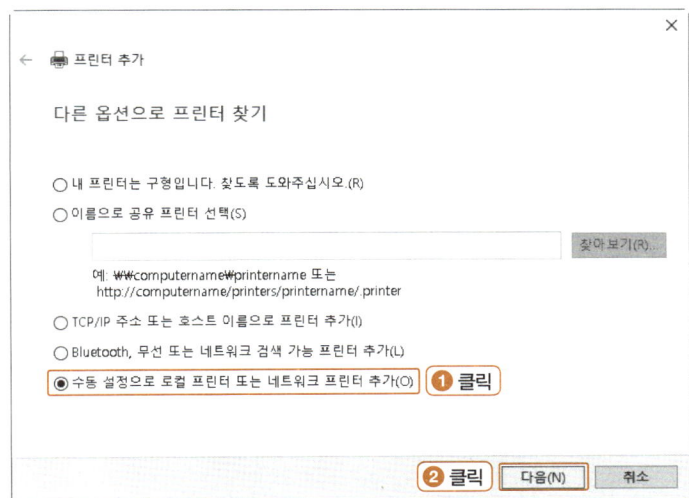

수동 설정

- 로컬 프린터 : 컴퓨터에 USB 또는 LPT 포트를 통해 직접 연결하여 사용하는 프린터
- 네트워크 프린터 : 한 대의 프린터를 여러 컴퓨터가 인터넷 또는 인트라넷을 통해 공유할 목적으로 연결된 프린터

❼ [프린터 추가] 대화상자에서 '기존 포트 사용'의 'USB001'을 선택한 후 [다음] 버튼을 클릭한다.

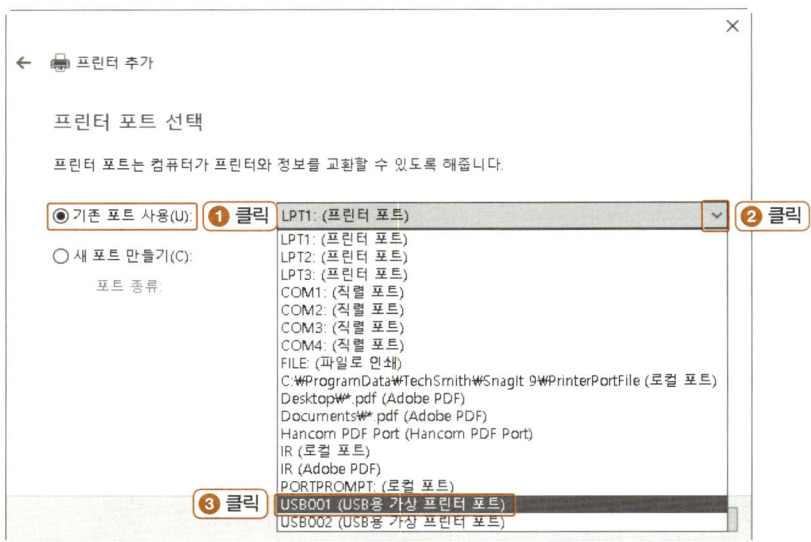

프린터 포트

– LPT(Line Print Terminal) 포트 : 과거에 주로 사용한 병렬 포트로 25개의 핀으로 구성된 케이블을 연결하여 사용
– USB 포트 : 최근에 가장 많이 사용하는 포트로 USB 연결 후 프린터 전원을 켜면 인식되어 바로 사용

❽ [프린터 추가] 대화상자에서 '제조업체'의 '모델'을 선택한 후 [다음] 버튼을 클릭한다.

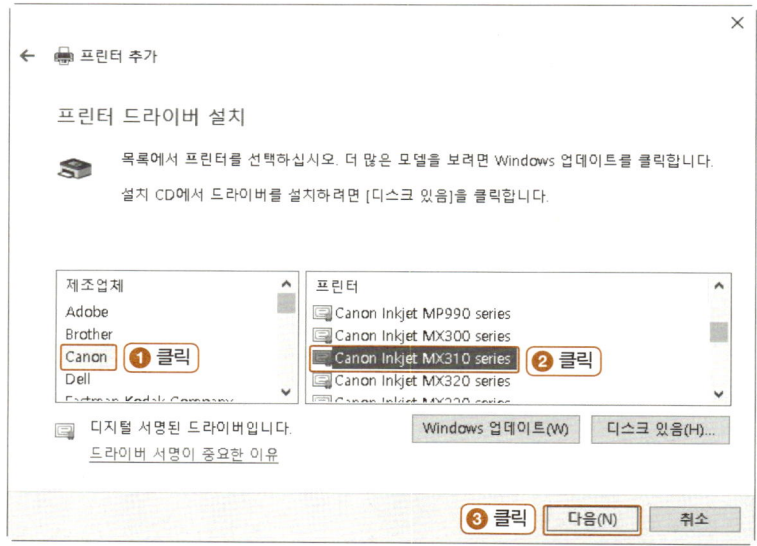

프린터 드라이버 설치

Windows에 포함되어 있는 제조업체별 프린터 드라이버이며, 연결하고자 하는 프린터 모델이 없는 경우 해당 제조업체 홈페이지에 방문하여 드라이버를 다운로드한 후 설치할 수 있다.

❾ [프린터 추가] 대화상자에서 [현재 설치되어 있는 드라이버 사용(권장)]을 선택한 후 [다음] 버튼을 클릭한다.

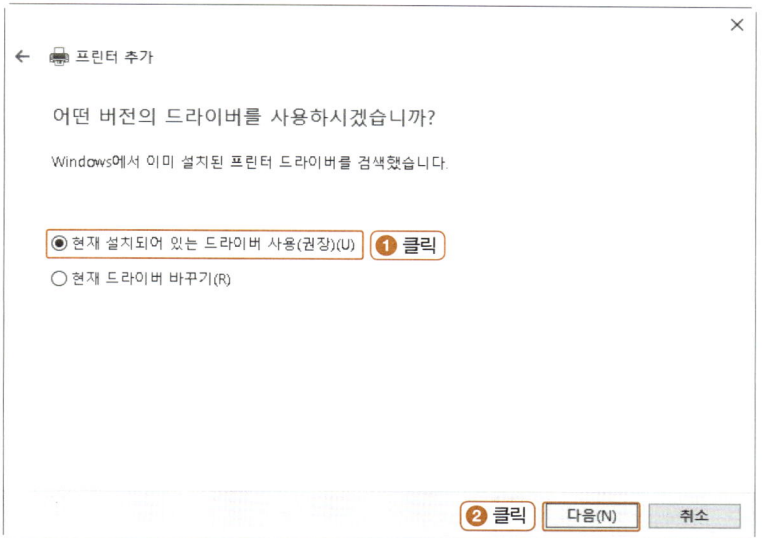

❿ [프린터 추가] 대화상자에서 프린터 이름란에 입력된 이름을 확인한 후 [다음] 버튼을 클릭한다.

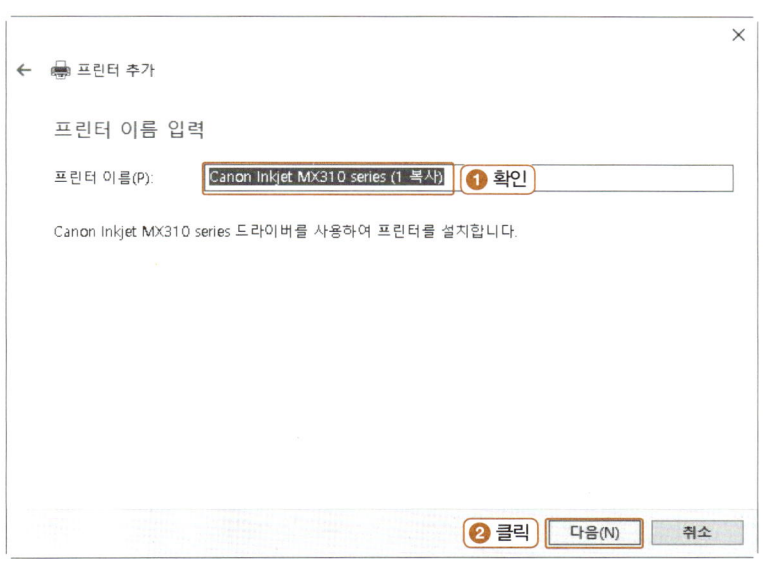

⑪ [프린터 추가] 대화상자에서 [테스트 페이지 인쇄] 버튼을 클릭한다.

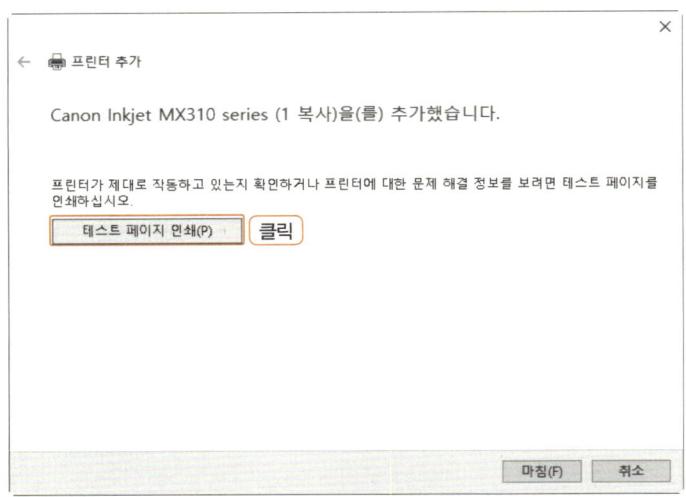

새로 추가한 프린터를 기본 프린터로 설정하시오.

해설

기본 프린터 : 한 대의 컴퓨터에 여러 대의 프린터를 로컬 또는 네트워크로 연결할 수 있다. 이때 주로 사용하는 프린터를 기본 프린터로 설정하면 문서 작성, 이미지 편집 등의 작업진행 중 인쇄 기능을 실행 하면 기본 프린터로 설정되어 있는 프린터로 인쇄물이 나온다.

❶ 작업 표시줄의 [시작] 단추를 클릭하여 [설정]을 클릭한다.

❷ [Windows 설정] 대화상자에서 [장치]를 클릭한다.

❸ [Bluetooth 및 기타 디바이스] 대화상자에서 [장치 및 프린터]를 클릭한다.

❹ [장치 및 프린터] 대화상자에서 새로 설치한 프린터를 마우스 오른쪽 버튼을 선택하고
[기본 프린터로 설정] → [모델명]을 클릭한다.

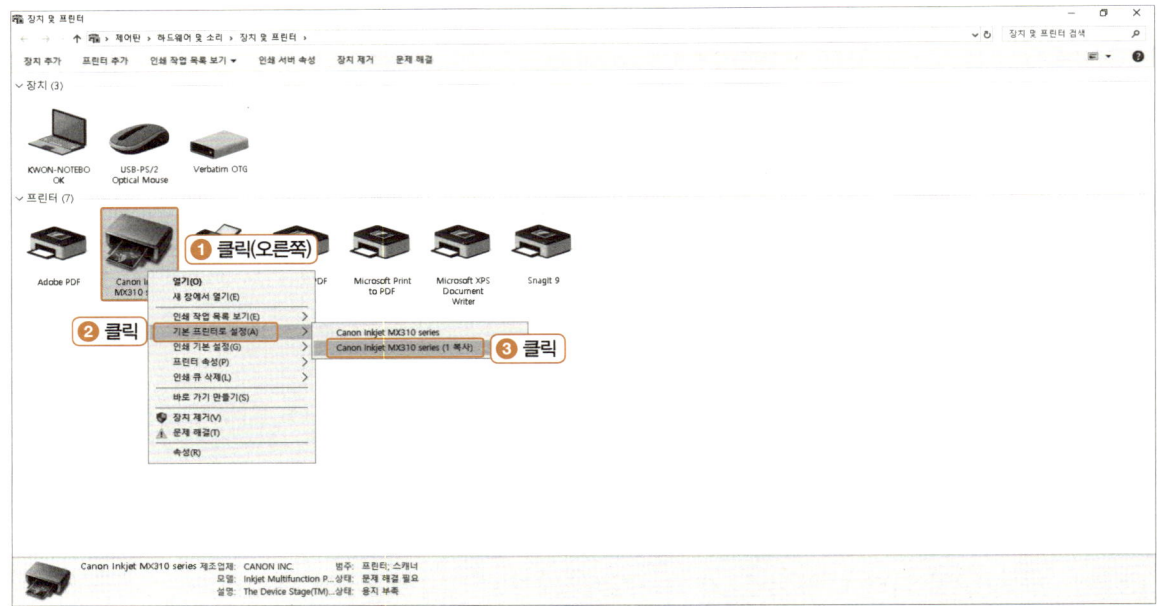

❺ [장치 및 프린터] 대화상자에서 [확인] 버튼을 클릭한다.

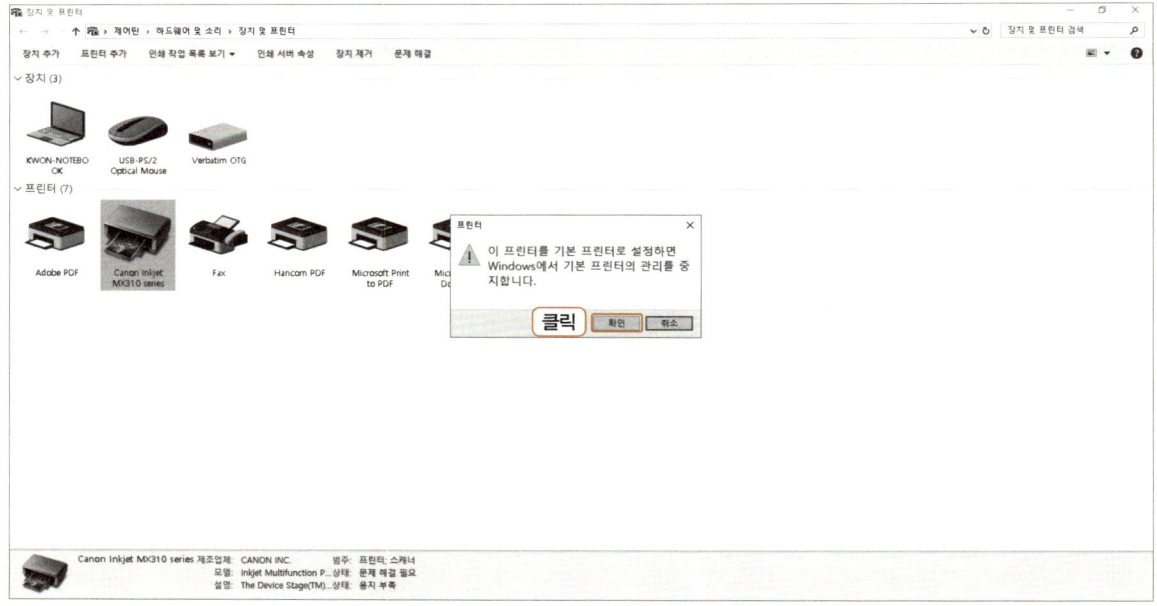

바탕화면의 'ICDL 장점.txt' 파일을 열어 기본 프린터로 1부 인쇄하시오.

해설

단축키 : 컴퓨터 사용에 있어 단축키는 작업 시간을 줄이는데 효율적이며, Windows에서 사용되는 대부분의 단축키는 응용 프로그램에서도 사용이 가능하다. 다양한 단축키의 종류가 있지만, 아래와 같은 자주 사용하는 단축키 몇 가지는 기억해두는 것이 좋다.

– 새로 만들기 : Ctrl + N	– 실행 취소 : Ctrl + Z
– 복사 : Ctrl + C	– 다시 실행 : Ctrl + Y
– 잘라내기 : Ctrl + X	– 인쇄 : Ctrl + P
– 붙여넣기 : Ctrl + V	– 찾기 : Ctrl + F
– 저장 : Ctrl + S	– 바꾸기 : Ctrl + H

❶ 바탕화면에서 'ICDL 장점.txt' 파일을 더블 클릭하여 연다.

❷ [파일] 메뉴 → [인쇄]를 클릭한다.

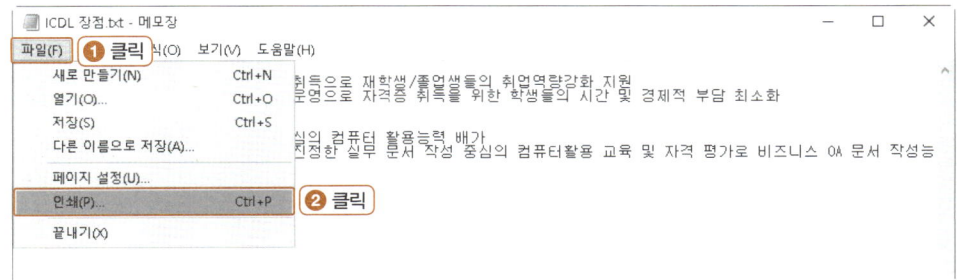

❸ [인쇄] 대화상자에서 기본 프린터를 선택하고 매수를 '1'로 설정한 후 [인쇄] 버튼을 클릭한다.

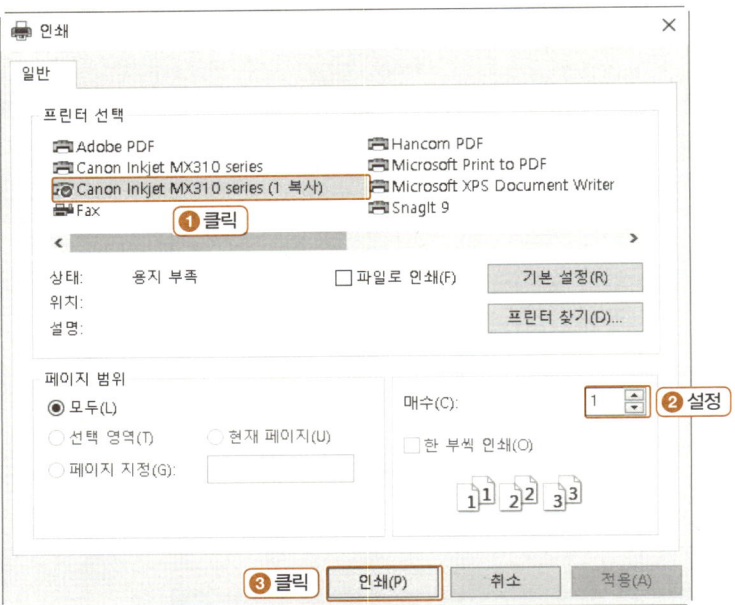

인쇄 작업 목록 보기를 통해 현재 인쇄 명령을 모두 취소하시오.

❶ 작업 표시줄의 [시작] 단추를 클릭하고 [설정]을 클릭한다.

❷ [Bluetooth 및 기타 디바이스] 대화상자에서 [장치 및 프린터]를 클릭한다.

❸ [장치 및 프린터] 대화상자의 프린터 목록에서 새로 설치한 프린터 아이콘을 선택하고 [인쇄 작업 목록 보기] → [모델명]을 클릭한다.

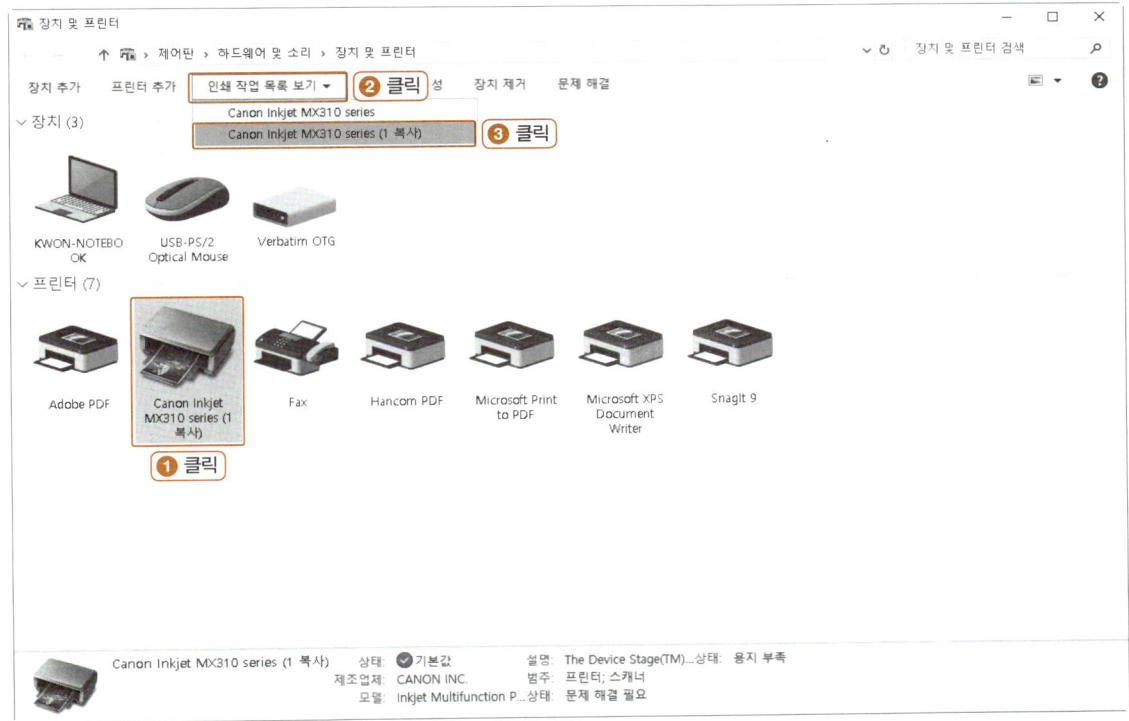

❹ [프린터] 메뉴 → [모든 문서 취소]를 클릭한다.

❺ [프린터] 대화상자에서 [예] 버튼을 클릭한다.

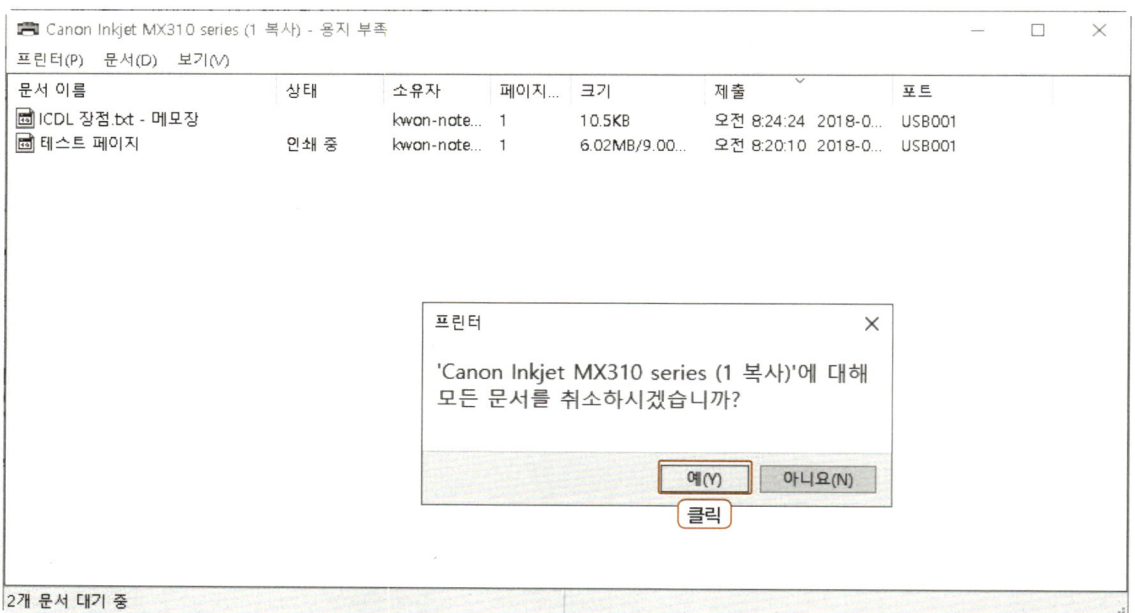

❻ 모든 인쇄 작업 목록이 취소된 것을 확인한다.

🖶 Canon Inkjet MX310 series (1 복사)						— □ ×

프린터(P)   문서(D)   보기(V)

문서 이름	상태	소유자	페이지...	크기	제출 ⌄	포트

확인

0개 문서 대기 중

Chapter

4

파일 관리

올바른 파일 관리를 위해서는 우선 Windows 운영체제의 계층적 파일 시스템 구조를 이해해야 한다. 계층적 파일 시스템 구조란 각각의 파일을 운영 관리하기 위하여 드라이브, 폴더, 파일 등으로 구분하고 파일 및 폴더 등에 의미 있는 이름을 부여함으로써 연관성있는 파일 또는 폴더끼리 관리하도록 구성된 구조를 말한다. 이번 과정에서는 파일 관리를 위한 계층적 파일 시스템 구조를 이해하고 폴더 및 파일의 이름 변경, 압축, 복원, 삭제 등의 방법에 대해 알아보자.

International
Computer
Driving
Licence

4.1 파일 및 폴더 소개

업무에 있어 작업 시간을 절약하고 효율적인 파일 관리를 위해서는 연관성있는 파일끼리 구분하여 하나의 폴더에 모아두고 일일이 열어보지 않더라도 해당 내용을 예측 가능하도록 의미 있는 파일 이름을 설정하는 것이 좋다. 우선 다양한 종류의 파일 형식을 이해하고 파일 또는 폴더의 이름을 변경하는 방법과 쉽게 찾고자 하는 파일 또는 폴더를 검색하는 방법에 대해 숙지해보자.

실라버스	내용
4.1.1	운영 체제가 드라이브, 폴더, 파일을 계층적 구조로 구성하는 방법을 이해한다. 드라이브, 폴더, 하위 폴더, 파일 사이를 탐색한다.
4.1.2	파일, 폴더 속성(예 : 이름, 크기, 위치)을 표시한다.
4.1.3	보기를 변경하여 타일, 아이콘, 목록, 자세히 옵션을 선택하여 파일 및 폴더를 표시한다.
4.1.4	워드 프로세싱, 스프레드시트, 프레젠테이션, PDF(Portable Document Format), 이미지, 오디오, 비디오, 압축된 실행 파일과 같은 일반적인 파일 형식을 식별한다.
4.1.5	파일, 폴더, 드라이브를 연다.
4.1.6	폴더, 파일 이름 지정에서 좋은 습관을 인식한다. 폴더 및 파일에 의미 있는 이름을 사용하여 검색 및 구성을 도와준다.
4.1.7	폴더를 만든다.
4.1.8	파일, 폴더의 이름을 바꾼다.
4.1.9	속성별로 파일 검색 : 필요한 경우 와일드카드를 사용하여 파일 이름 전체 또는 일부, 내용, 수정한 날짜
4.1.10	최근에 사용한 파일 목록을 확인한다.

파일 탐색기를 이용하여 C 드라이브의 ICDL 폴더로 이동하고 폴더 내의 파일을 확인하시오.

해설

- 드라이브 : 파일 계층 시스템 구조의 가장 상위 개념으로 내 컴퓨터, CD-ROM, 플래시 드라이브 등으로 구성
- 폴더 : 연관성있는 파일들을 모아 놓는 공간으로 실생활의 서류철과 유사 개념
- 파일 : 실행 가능한 최소 단위로 워드, 메모장 등의 응용 프로그램으로 만들어진 각각의 이름을 의미

❶ 작업 표시줄의 [파일 탐색기] 아이콘을 클릭한다.

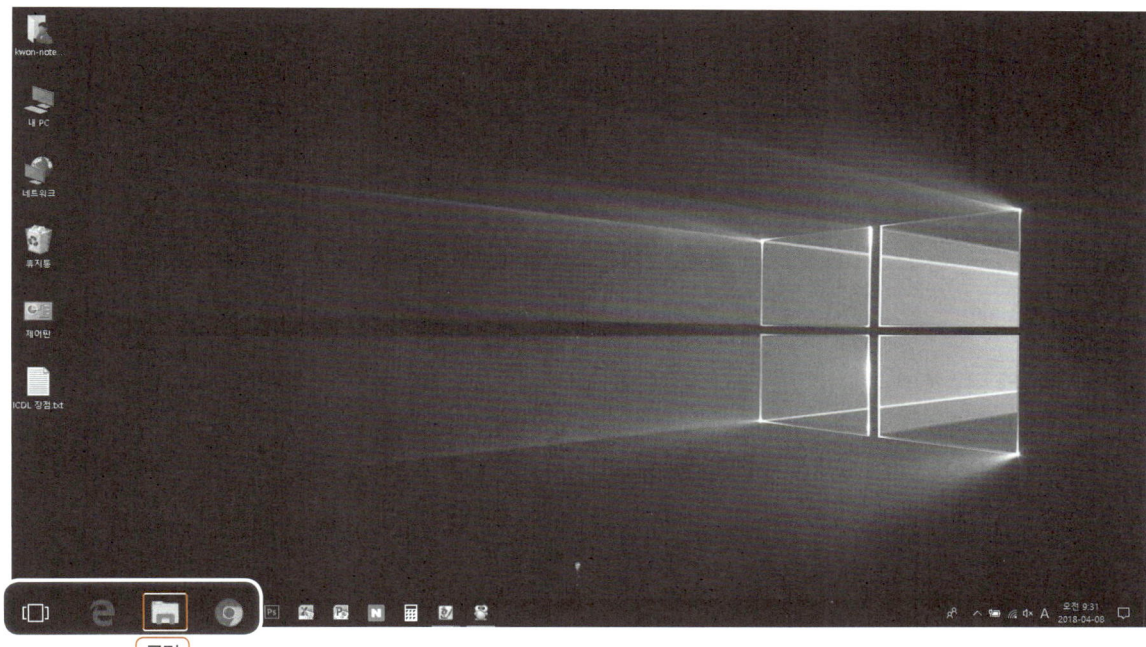

❷ [파일 탐색기] 창에서 내 PC의 '로컬 디스크(C:)'를 클릭한다.

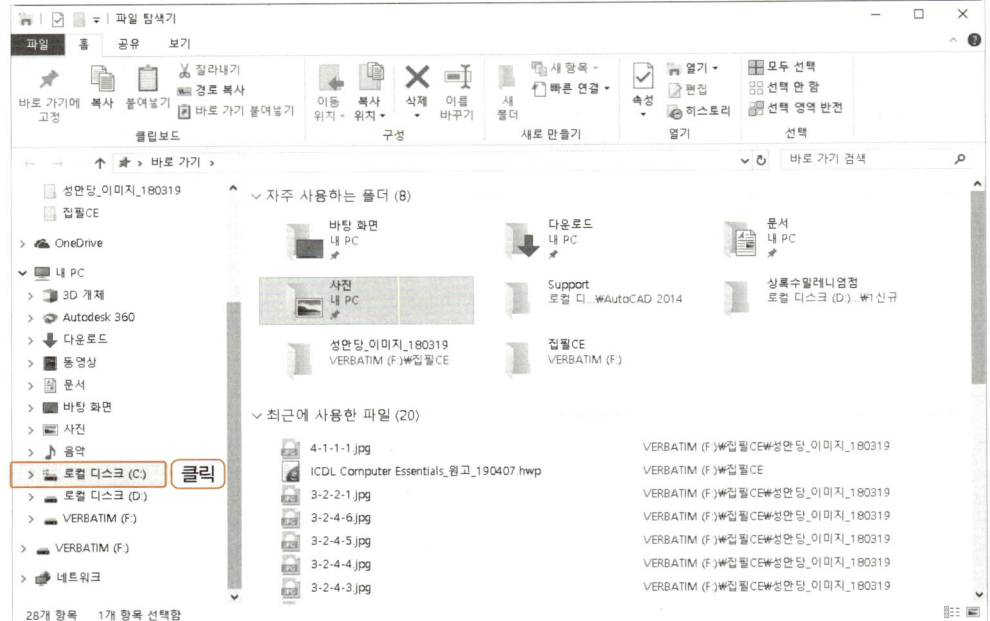

❸ C 드라이브의 'ICDL'을 더블 클릭하여 폴더를 연다.

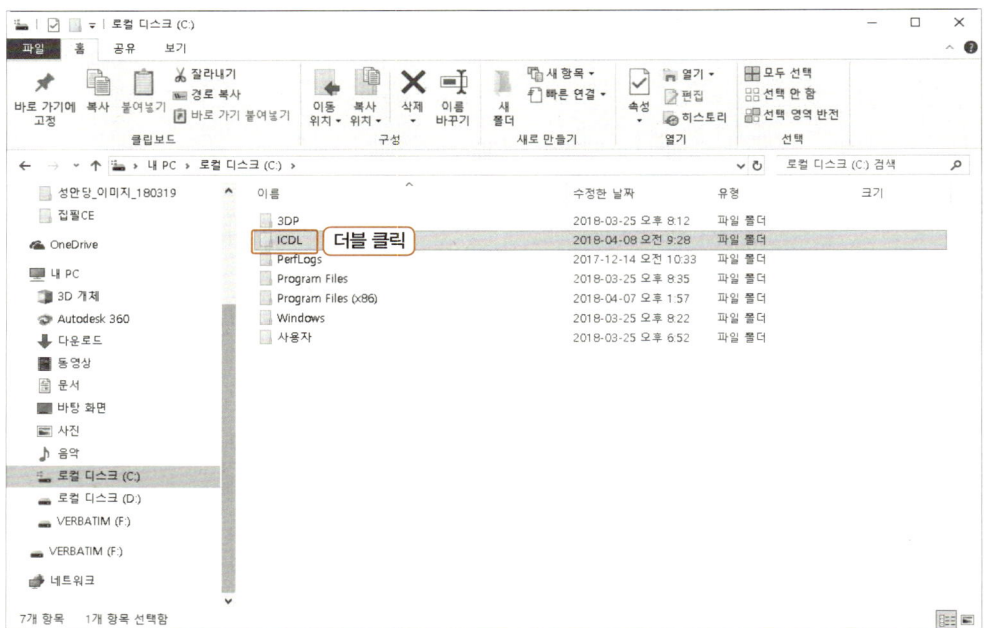

❹ ICDL 폴더 안에 구성된 파일의 목록을 확인한다.

ICDL 폴더의 파일 중 'ICDL 소개.txt'의 파일 속성 창을 여시오.

해설

파일 속성

– [일반] 탭 : 파일의 연결 프로그램, 파일 위치, 크기 및 만든 날짜 확인

– [보안] 탭 : 그룹 또는 사용자별로 사용 권한 편집

– [자세히] 탭 : 파일의 이름, 유형, 경로, 크기 등 [일반] 탭보다 자세한 사항 확인

– [이전 버전] 탭 : 파일 히스토리 또는 복원 지점에서 이전 버전으로 복원

❶ ICDL 폴더에서 'ICDL 소개.txt' 파일을 선택하고 [홈] 탭 → [열기] 그룹 → [속성]을 클릭한다.

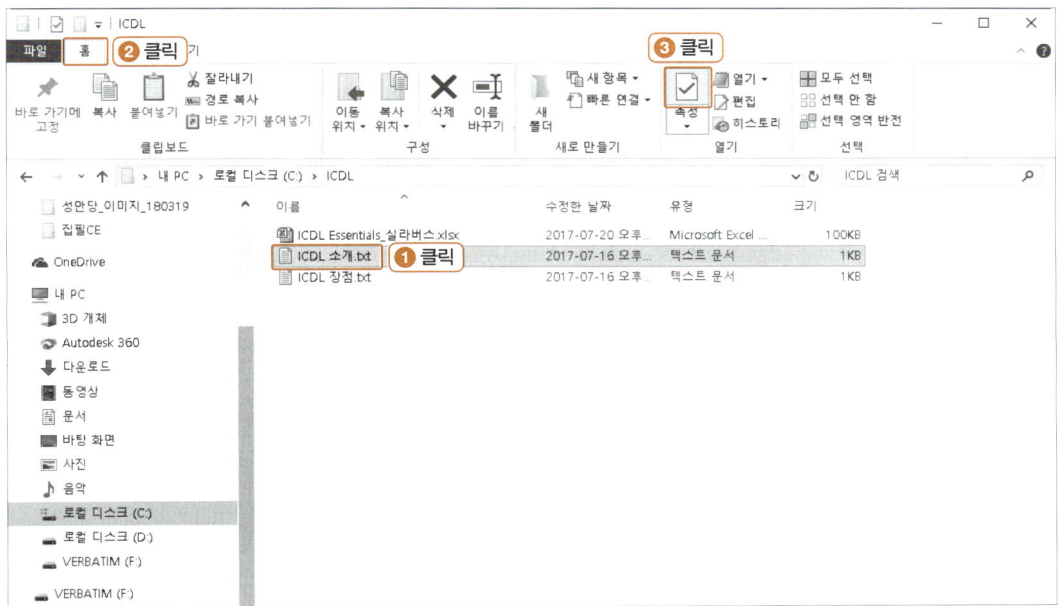

멘토의 한 수

리본 메뉴 설정 : [파일 탐색기] 창 상단의 리본 메뉴는 [홈], [공유], [보기] 탭으로 구성되어 각각의 기능을 그룹으로 묶어놓은 명령 아이콘 집합이다. 이는 자주 사용하는 명령을 한 번의 클릭으로 바로 실행 가능하여 편리하게 사용하는 장점이 있는 반면 화면 작업 공간을 많이 차지하는 단점도 있다. 이는 [파일 탐색기] 창 오른쪽 상단의 [리본 확장](﹀) 단추와 [리본 최소화](︿) 단추로 표시하거나 숨길 수 있다.

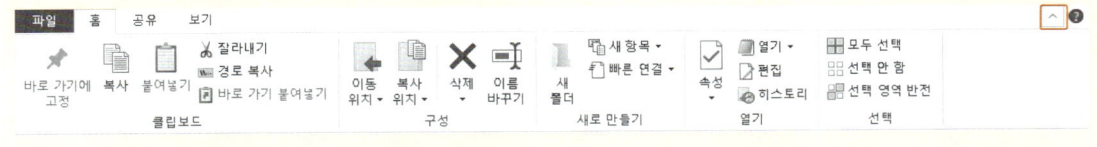

❷ 'ICDL 소개 속성' 창에서 파일의 속성값을 확인한 후 [확인] 버튼을 클릭하고 닫는다.

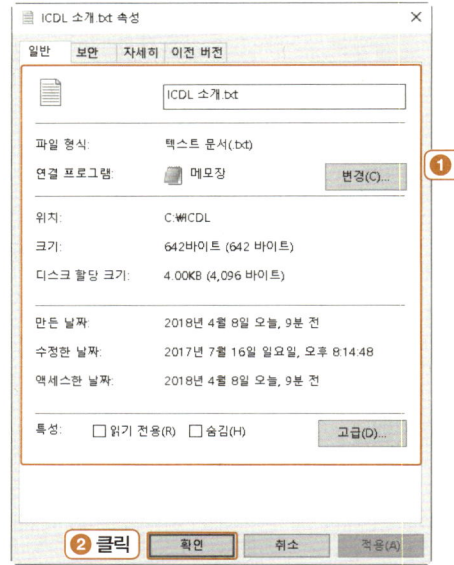

멘토의 한 수

[속성] 창을 통해 해당 파일의 이름 및 연결된 프로그램, 위치, 크기 등 다양한 세부 정보 확인이 가능하다. 특히 '연결 프로그램 변경'을 통해 해당 파일을 열고자 하는 응용 프로그램(앱)을 사용자가 직접 지정하거나 보안이 요구되는 주요 문서의 경우 '숨김' 기능을 통해 표시하지 않을 수도 있다.

문제 03

파일 및 폴더 아이콘 보기를 보통 아이콘 보기로 변경하시오.

↳ **해설**

- [보기] 탭
  – [창] 그룹 : 파일 탐색 창의 표시 방법 설정

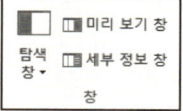

- [보기] 탭
  – [레이아웃] 그룹 : 아이콘 표시 크기 설정

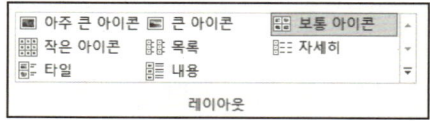

- [보기] 탭
  – [현재 보기] 그룹 : 정렬 및 열 설정

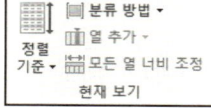

- [보기] 탭
  – [표시/숨기기] 그룹 : 파일 및 폴더 표시/숨기기 설정

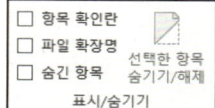

❶ [파일 탐색기] 창에서 [보기] 탭을 클릭한다.

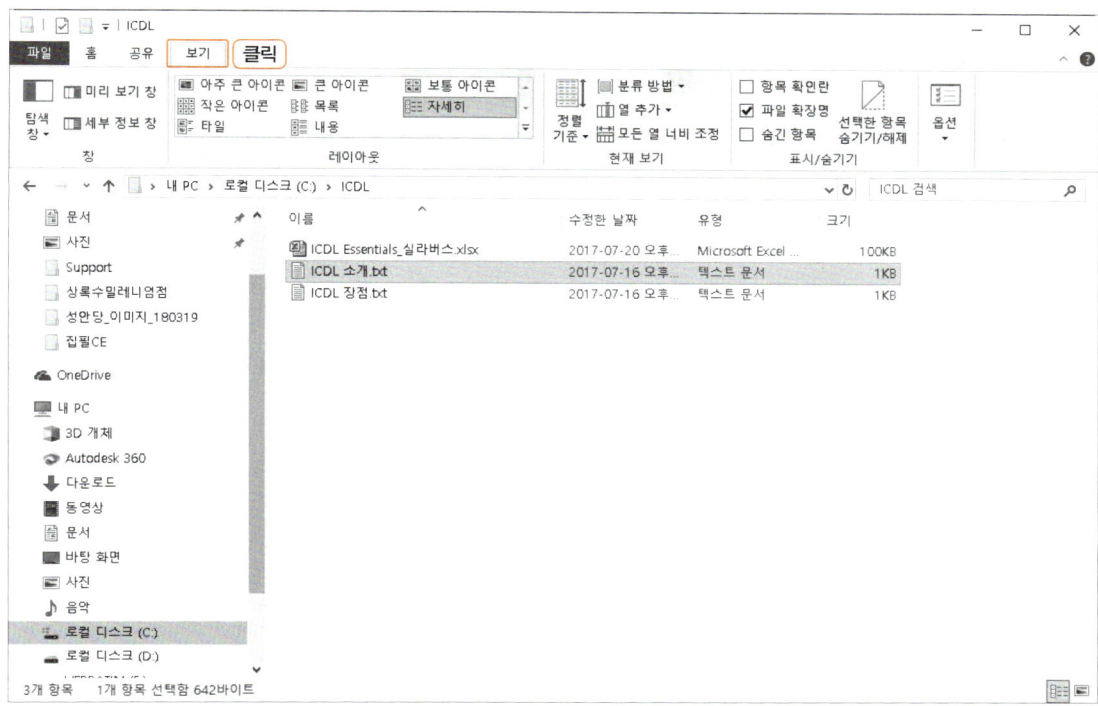

❷ [레이아웃] 그룹 → [보통 아이콘]을 클릭하여 아이콘 모양이 변경된 것을 확인한다.

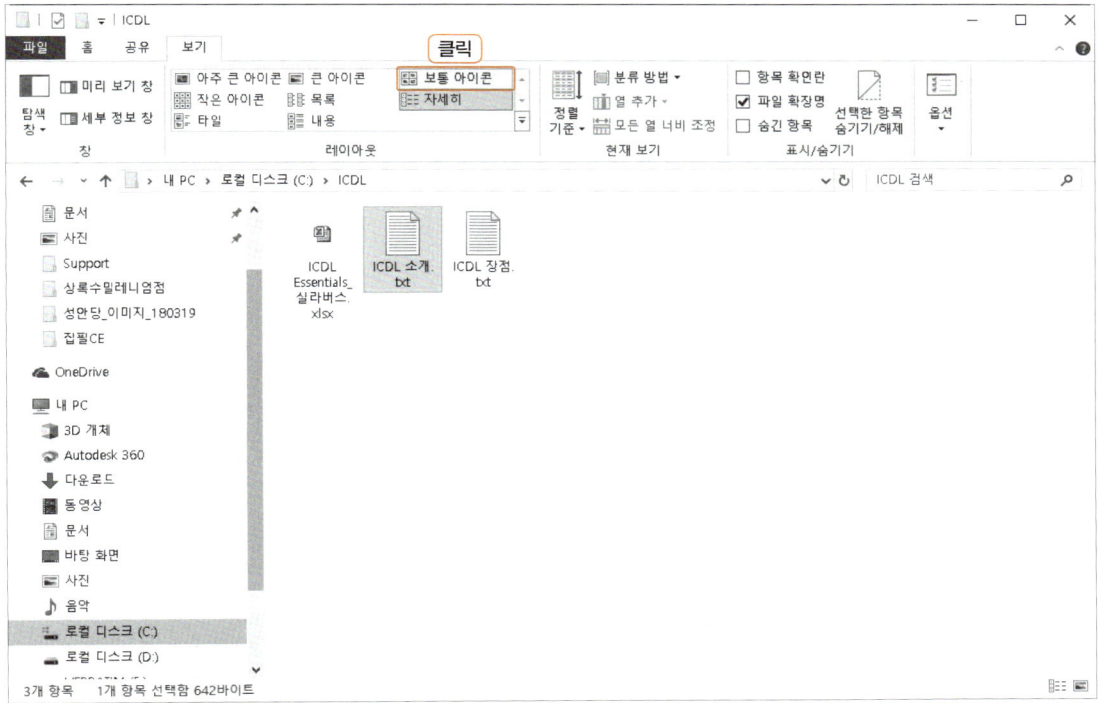

각 파일의 확장명이 표시되도록 설정하시오.

해설

파일 확장명(파일 포맷) : 폴더 안의 모든 파일은 기본적으로 아이콘으로 표시되어 사용자는 해당 파일의 형식을 알 수 있다. 파일 확장명을 표시하면 해당 파일이 어떤 응용 프로그램으로 열리고 편집할 수 있는 지 정확히 확인할 수 있다.

- *.pdf : 전자 문서 형식의 파일 포맷
- *.mp4 : 비디오 파일 포맷
- *.mp3 : 오디오 파일 포맷
- *.zip : 압축 및 보관 포맷

❶ ICDL 폴더에서 [보기] 탭 → [표시/숨기기] 그룹 → [파일 확장명]을 체크한다.

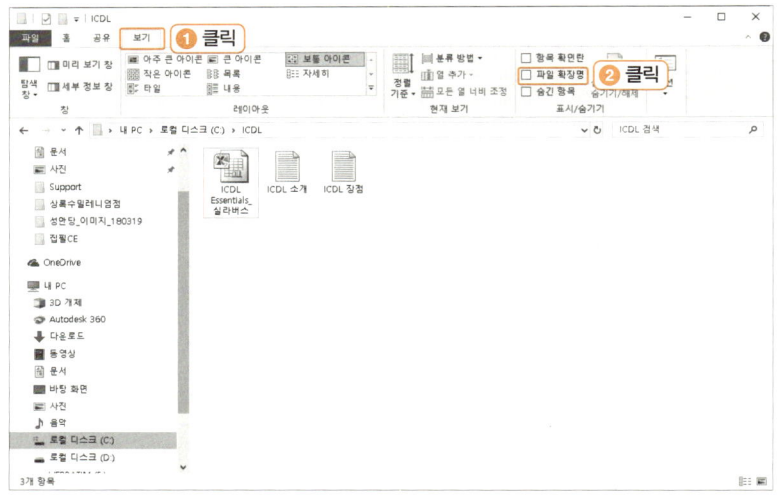

❷ 폴더 안의 모든 파일 확장명이 표시된다.

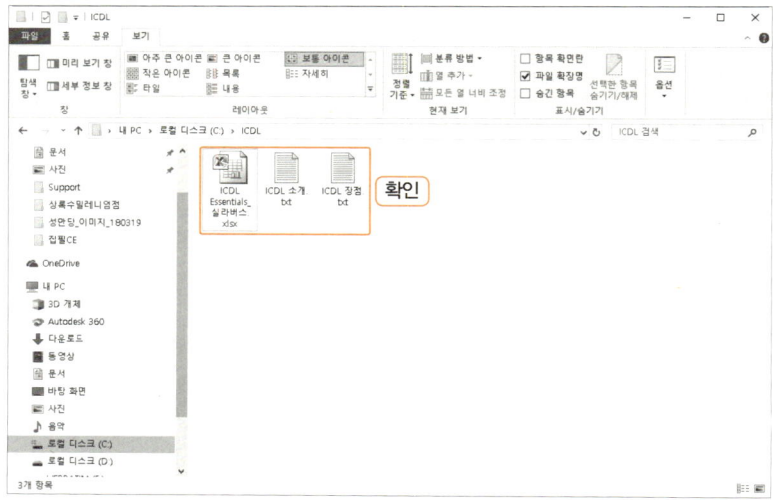

ICDL 폴더 안에 '2018'이란 이름의 폴더를 생성하시오.

❶ ICDL 폴더에서 [홈] 탭 → [새로 만들기] 그룹 → [새 폴더]를 클릭한다.

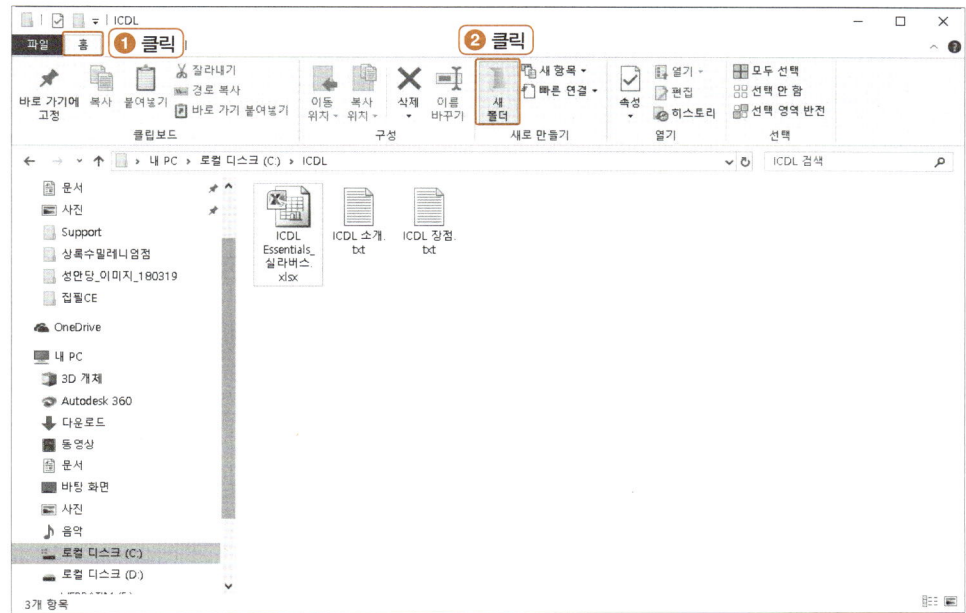

❷ 폴더 이름에 '2018'을 입력한 후 Enter 키를 누른다.

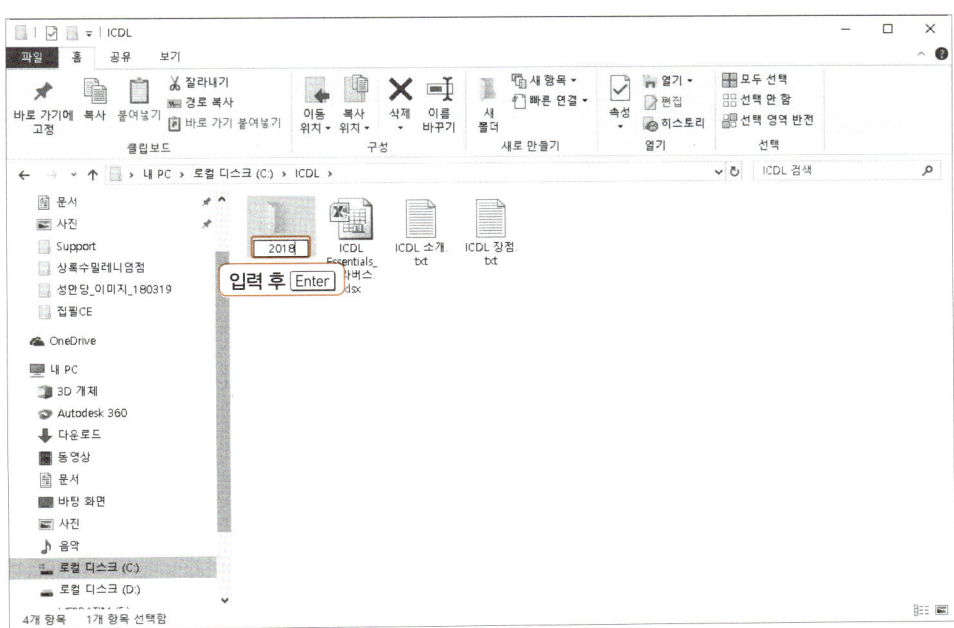

'2018'의 폴더 이름을 '2018 사업계획서'로 변경하시오.

해설

폴더 이름 변경 : Windows에서는 하나의 기능에 대해 다양한 방법을 제공한다. 폴더의 이름을 변경하는 경우 아래와 같은 방법 이외에도 단축키 f2 키를 누르거나 마우스 오른쪽 버튼을 눌러 빠른 실행에서도 '이름 바꾸기' 기능을 실행할 수 있다.

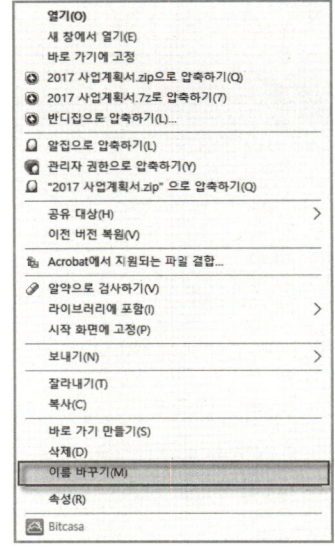

❶ ICDL 폴더에서 폴더 이름을 변경할 '2018'을 선택하고 [홈] 탭 → [구성] 그룹 → [이름 바꾸기]를 클릭한다.

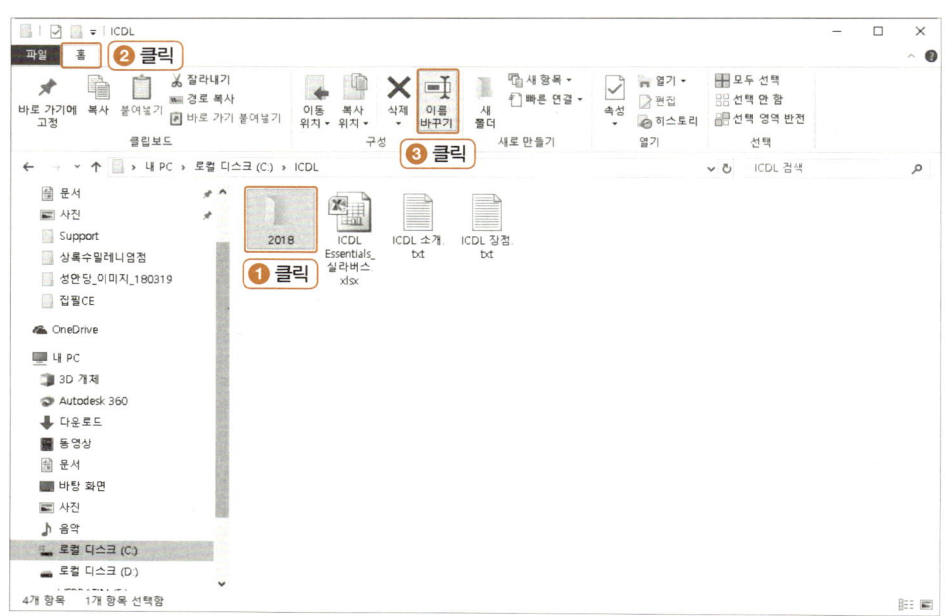

❷ 폴더 이름을 '2018 사업계획서'로 변경하고 Enter 키를 누른다.

문제 07

C 드라이브에서 와일드카드를 사용하여 'IC'로 시작하는 모든 파일 및 폴더를 검색하시오.

해설

와일드카드

− * : 해당 문자와 결합하여 1글자 이상의 동일한 파일 또는 폴더 검색

− ?? : 해당 문자와 결합하여 ? 개수 만큼의 동일한 파일 또는 폴더 검색

예) IC? : IC1, ICD, ICO 등만 검색

IC?? : ICDL, ICD1, ICO5 등만 검색

IC* : IC, ICD, ICDL, ICO, ICDL2018 등 모두 검색

❶ [파일 탐색창]에서 '로컬 디스크(C:)'를 클릭하여 C 드라이브로 이동하고 상단의 검색 상자를 클릭한다.

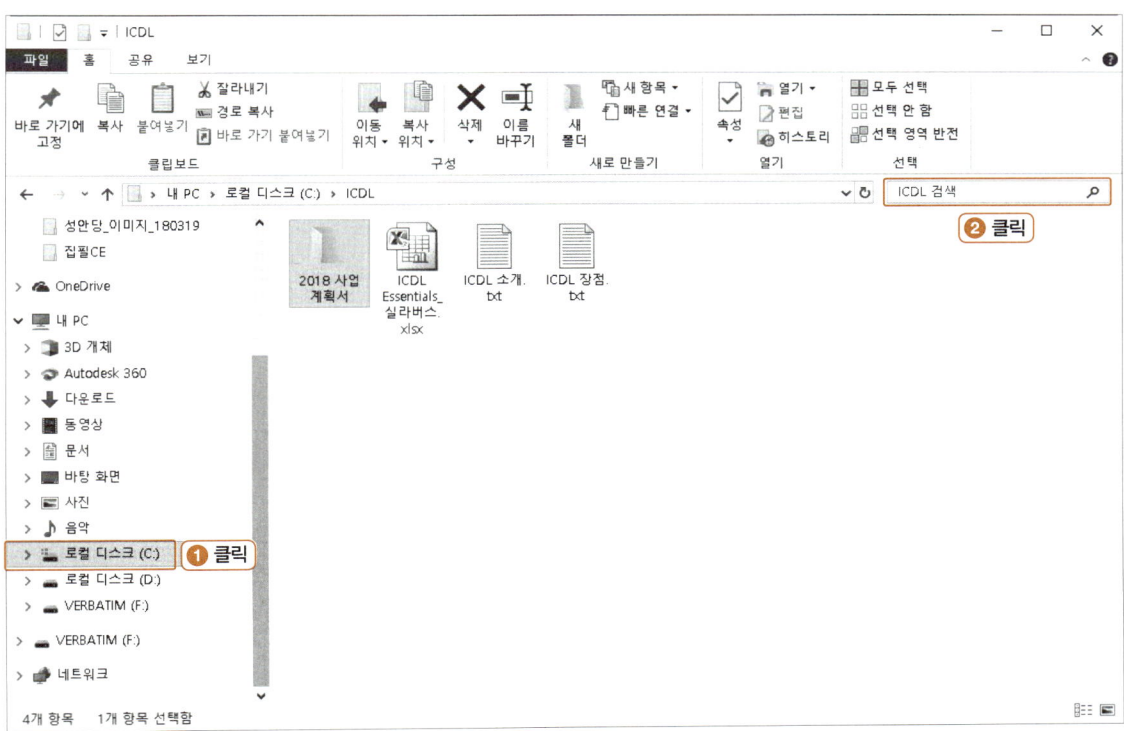

❷ 'IC*'을 입력한 후 Enter 키를 눌러 검색된 내용을 확인한다.

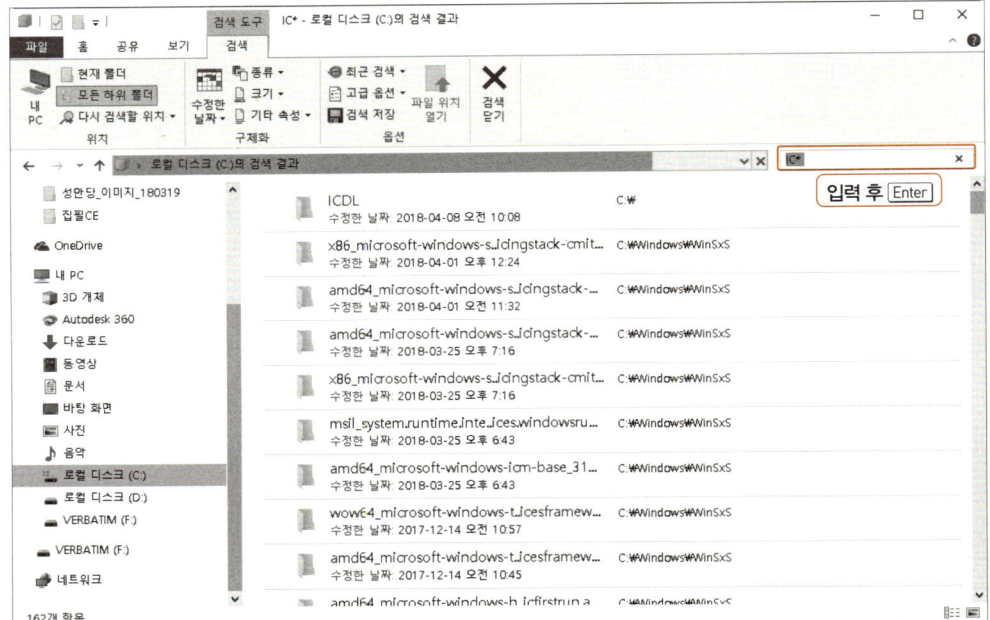

최근에 사용한 파일 및 폴더 목록을 확인하고 해당 목록이 표시되지 않도록 설정하시오.

❶ [파일 탐색창]에서 [파일] 탭을 클릭하여 자주 사용하는 폴더 목록을 확인한다.

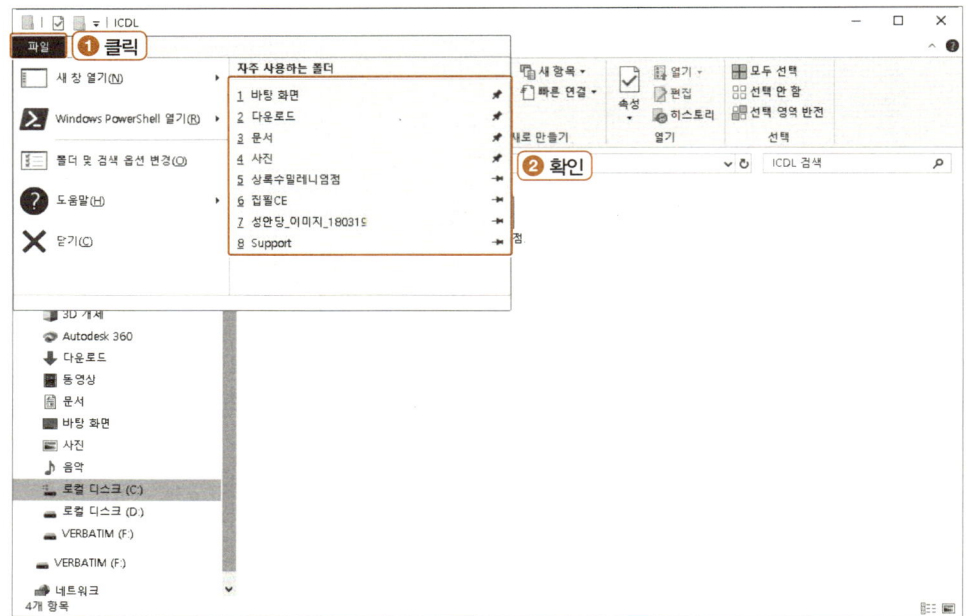

❷ [파일] 탭 → [폴더 및 검색 옵션 변경]을 클릭한다.

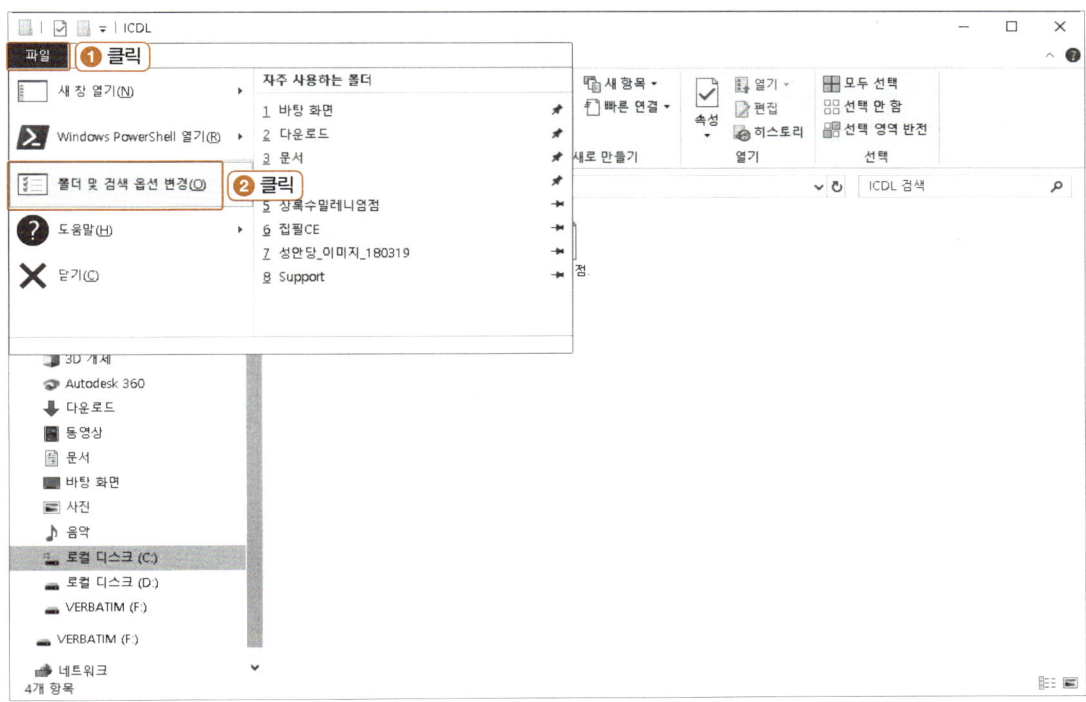

❸ [폴더 옵션] 대화상자에서 '빠른 실행에 최근에 사용된 파일 표시'와 '빠른 실행에 최근에
사용된 폴더 표시'를 체크 해제한 후 [확인] 버튼을 클릭한다.

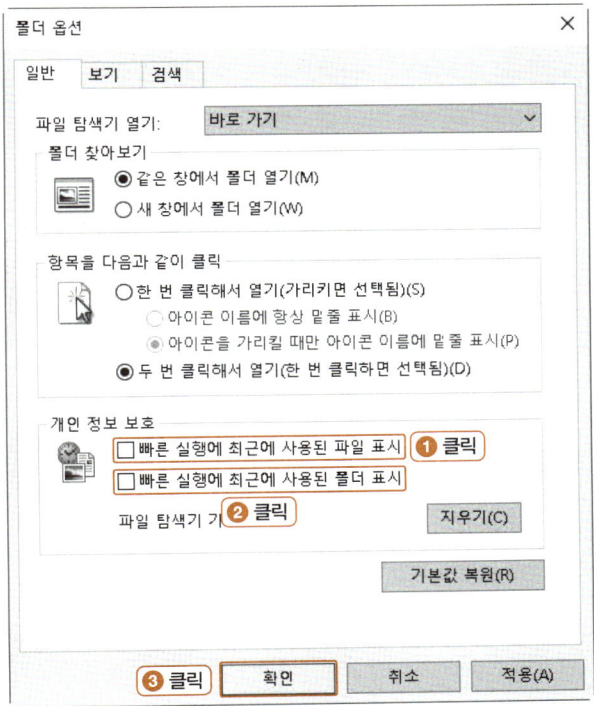

❹ [파일 탐색창]에서 [파일] 탭을 클릭하여 자주 사용하는 폴더 목록을 확인한다.

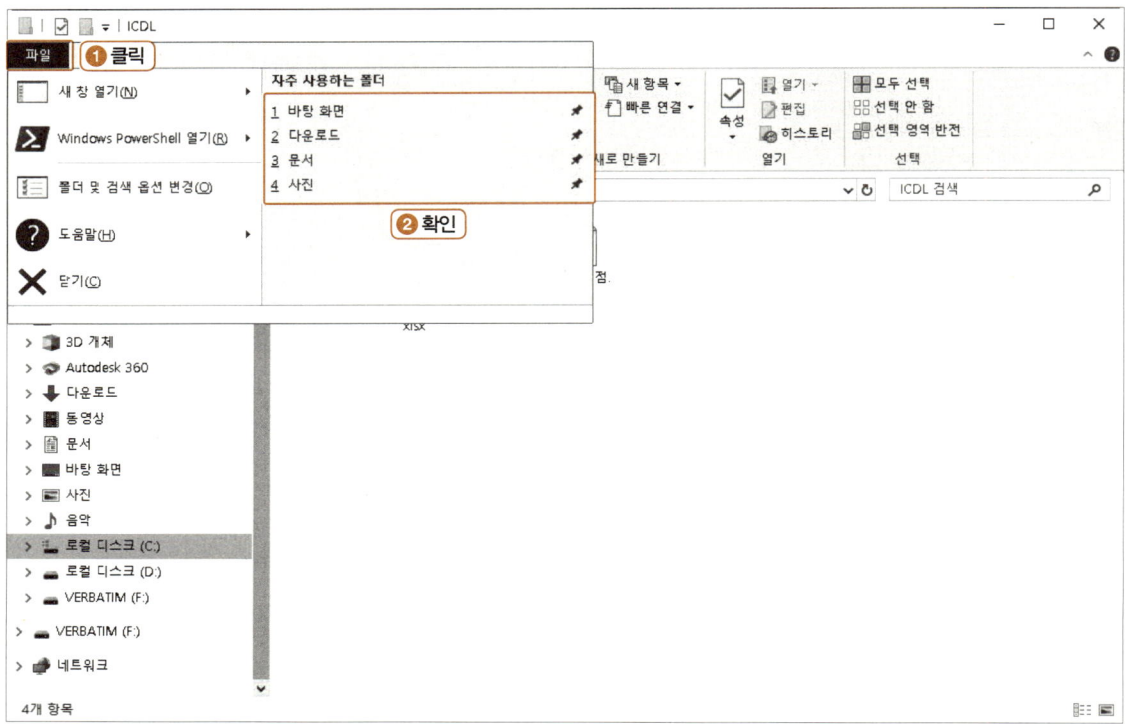

4.2 파일 및 폴더 구성

Windows에는 수백, 수천 개의 파일과 폴더들로 구성되어 있으며 또한, 사용자가 필요에 따라 파일과 폴더를 생성하고 이를 관리할 수 있다. 이처럼 관리를 위해서는 여러 개의 파일과 폴더를 선택하고 이동, 복사, 삭제 등의 방법을 이해하고 있어야 하며 많은 파일과 폴더 사이에서 이름, 크기, 유형 등의 기준 순서대로 정렬하는 등의 방법을 숙지해야 한다.

실라버스	내용
4.2.1	인접한 인접하지 않은 개별 파일, 폴더를 선택한다.
4.2.2	파일을 이름, 크기, 유형, 수정 날짜순으로 오름차순, 내림차순으로 정렬한다.
4.2.3	파일, 폴더, 드라이브 간 폴더 복사, 이동
4.2.4	파일, 폴더를 휴지통으로 옮겨 원래 위치로 복원한다.
4.2.5	휴지통을 비운다.

문제 01

ICDL 폴더에서 'ICDL 소개'와 'ICDL_logo' 파일을 선택하시오.

해설

복수 파일 및 폴더 선택
- Ctrl 키 + 클릭 : 불연속적인 파일 및 폴더 선택
- Shift 키 + 클릭 : 연속적인 파일 및 폴더 선택

❶ [파일 탐색창]을 이용하여 ICDL 폴더로 이동한다.

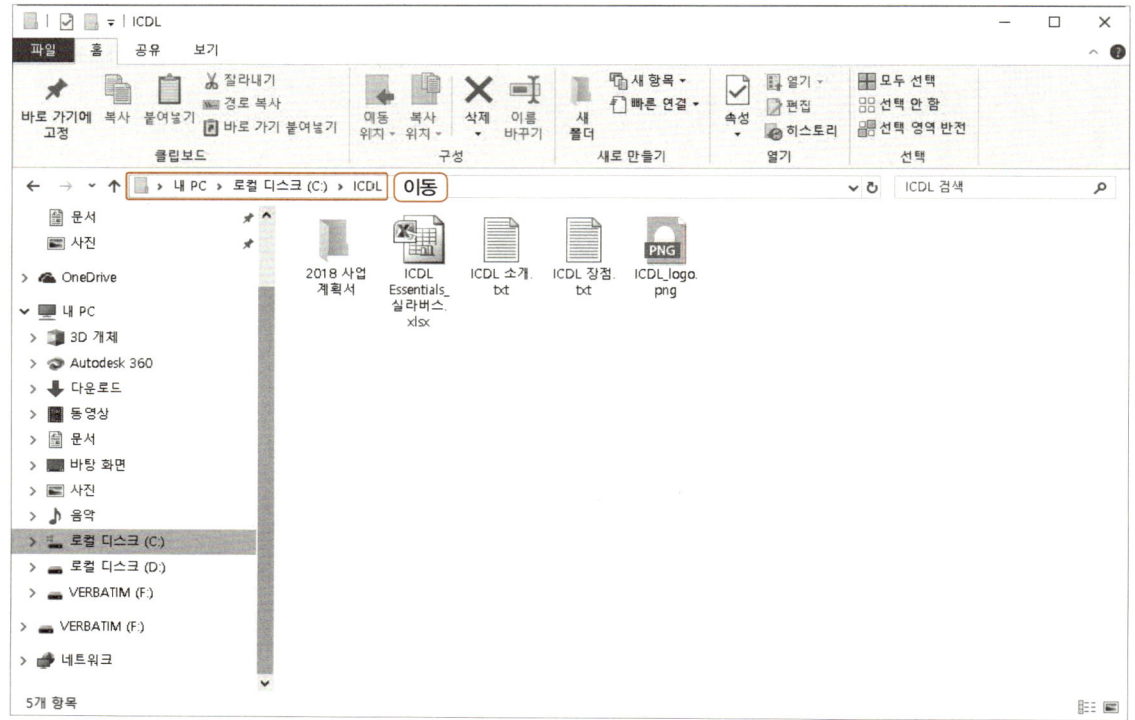

❷ 'ICDL 소개'를 선택하고 Ctrl 키를 누른 상태로 'ICDL_logo'를 클릭하여 선택한다.

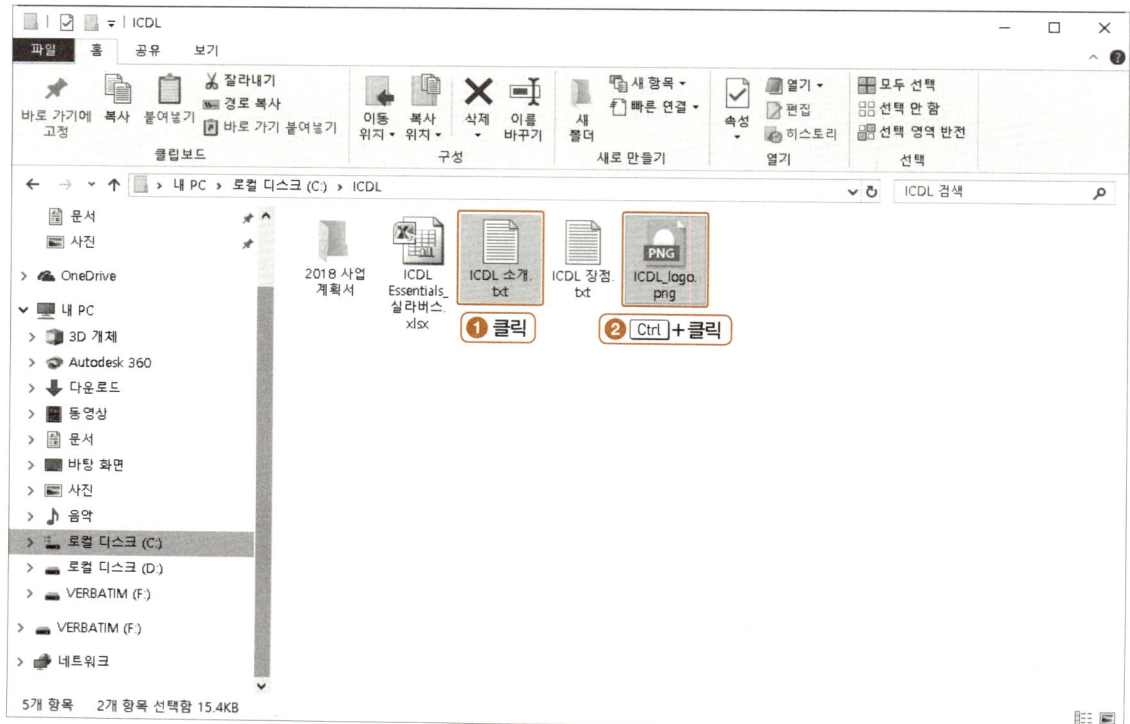

ICDL 폴더에서 수정한 날짜에 따라 내림차순으로 정렬하시오.

해설

정렬 : 특정 기준으로 순서를 재배열하는 것

– 오름차순 : 1~100, ㄱ~ㅎ, A~Z

– 내림차순 : 100~1, ㅎ~ㄱ, Z~A

❶ ICDL 폴더로 이동하여 [보기] 탭을 클릭한다.

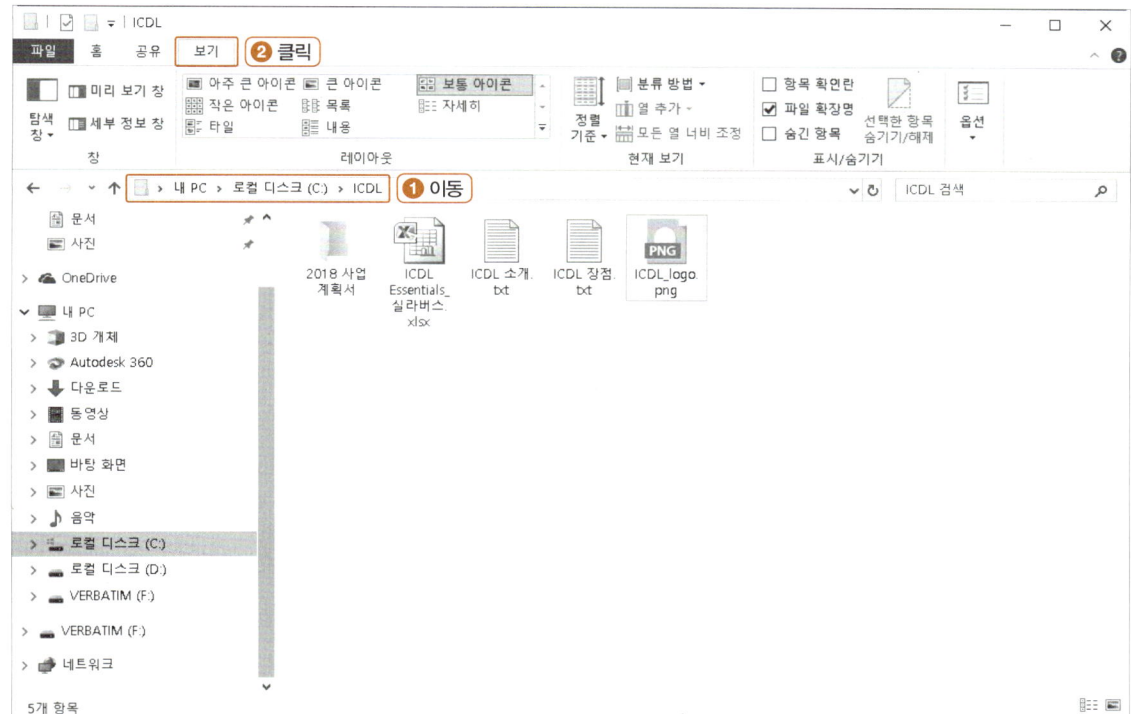

❷ [현재 보기] 그룹 → [정렬 기준] → [수정한 날짜]를 클릭한다.

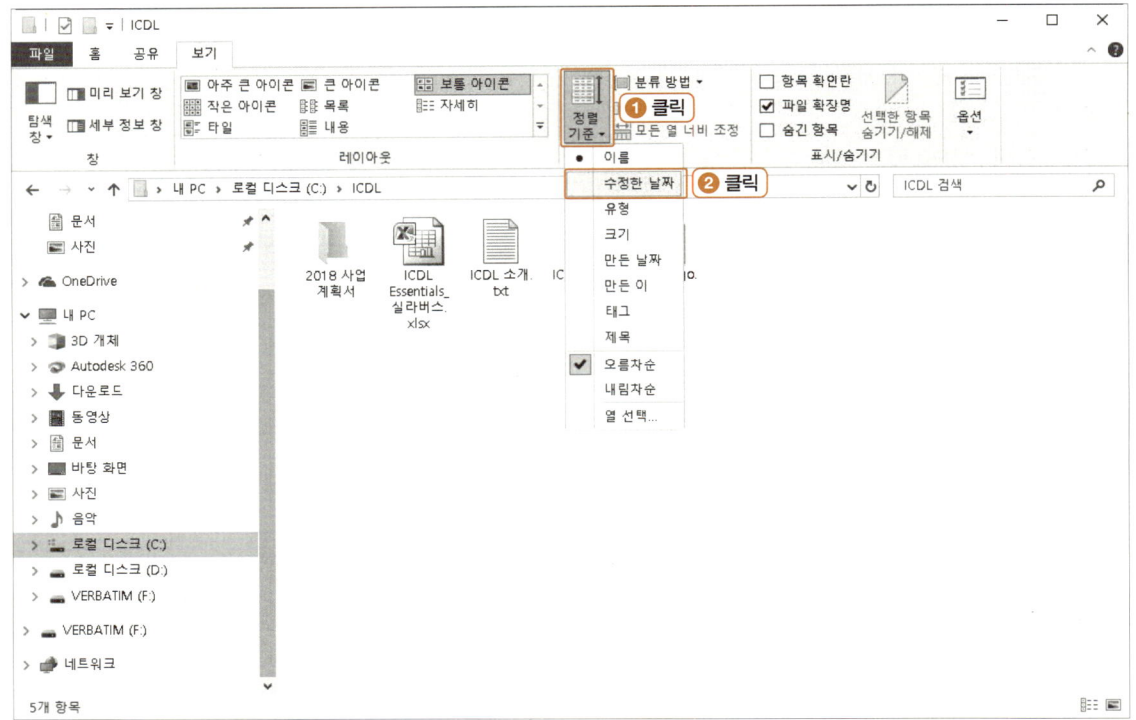

❸ 다시 [정렬 기준] → [내림차순]을 클릭한다.

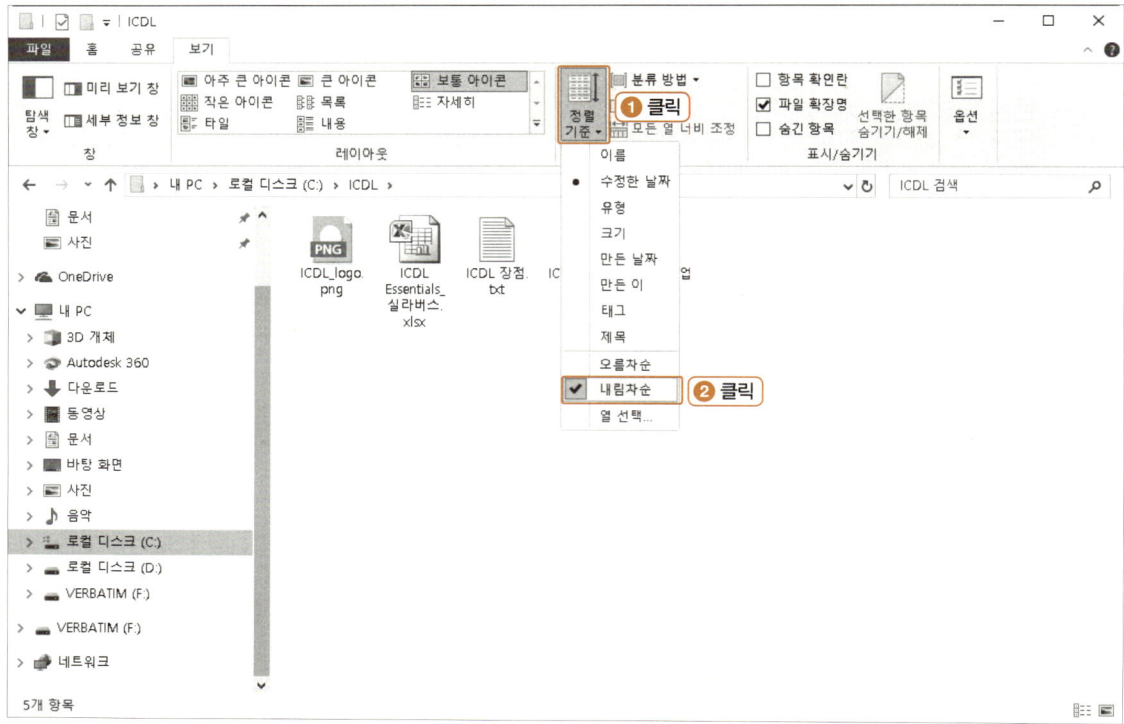

문제 **03**

ICDL 폴더에서 'ICDL 소개'와 'ICDL_logo' 파일을 '2018 사업계획서' 폴더로 복사하시오.

해설

- 복사 : [홈] 탭→[복사], Ctrl + C
- 이동 : [홈] 탭→[잘라내기], Ctrl + X
- 붙여넣기 : [홈] 탭→[붙여넣기], Ctrl + V

❶ ICDL 폴더로 이동하여 'ICDL 장점과 'ICDL_logo'를 선택한다.

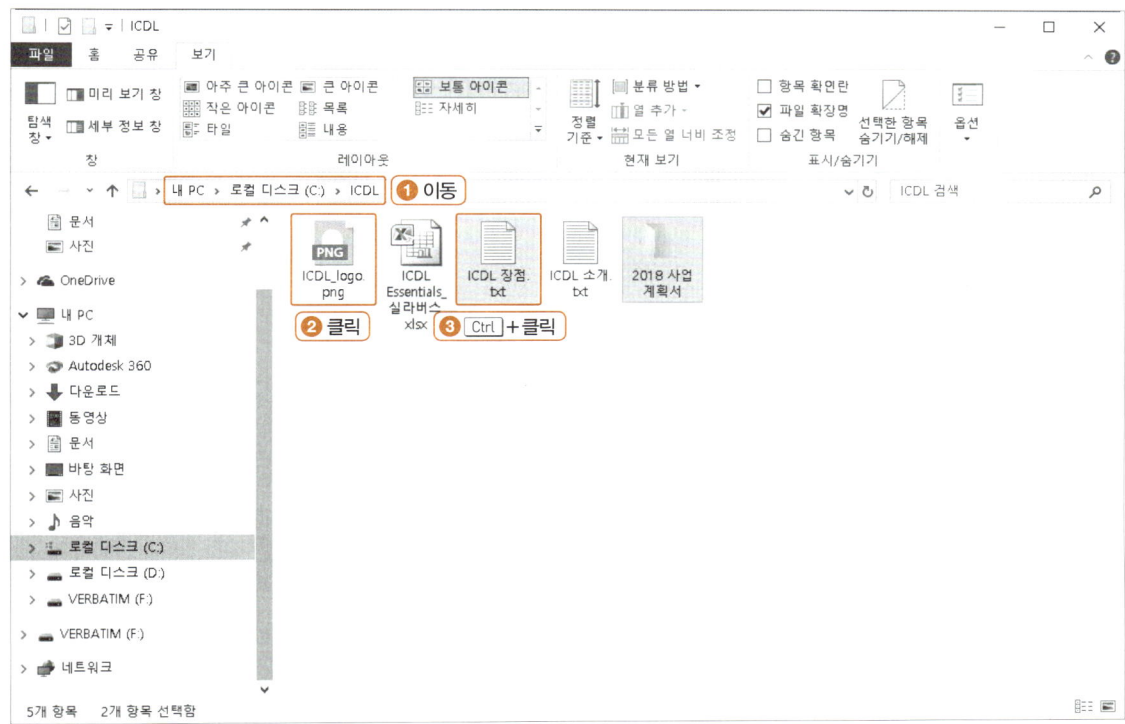

❷ [홈] 탭 → [클립보드] 그룹 → [복사]를 클릭한다.

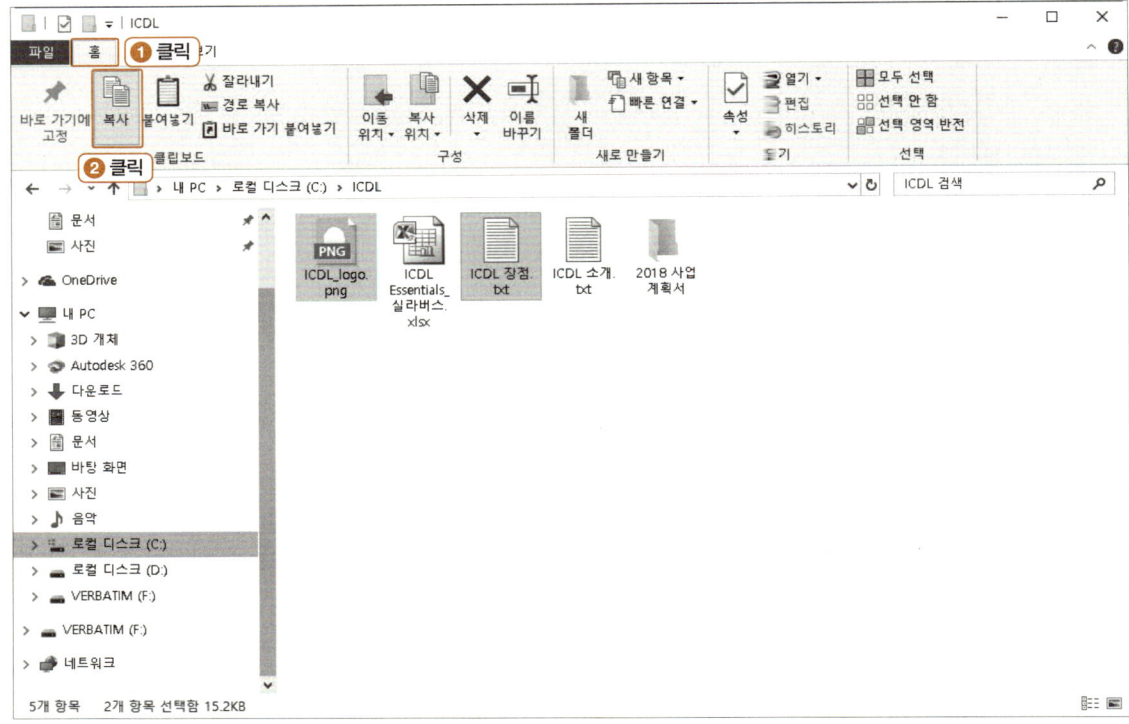

❸ '2018 사업계획서'를 더블 클릭하여 이동한다.

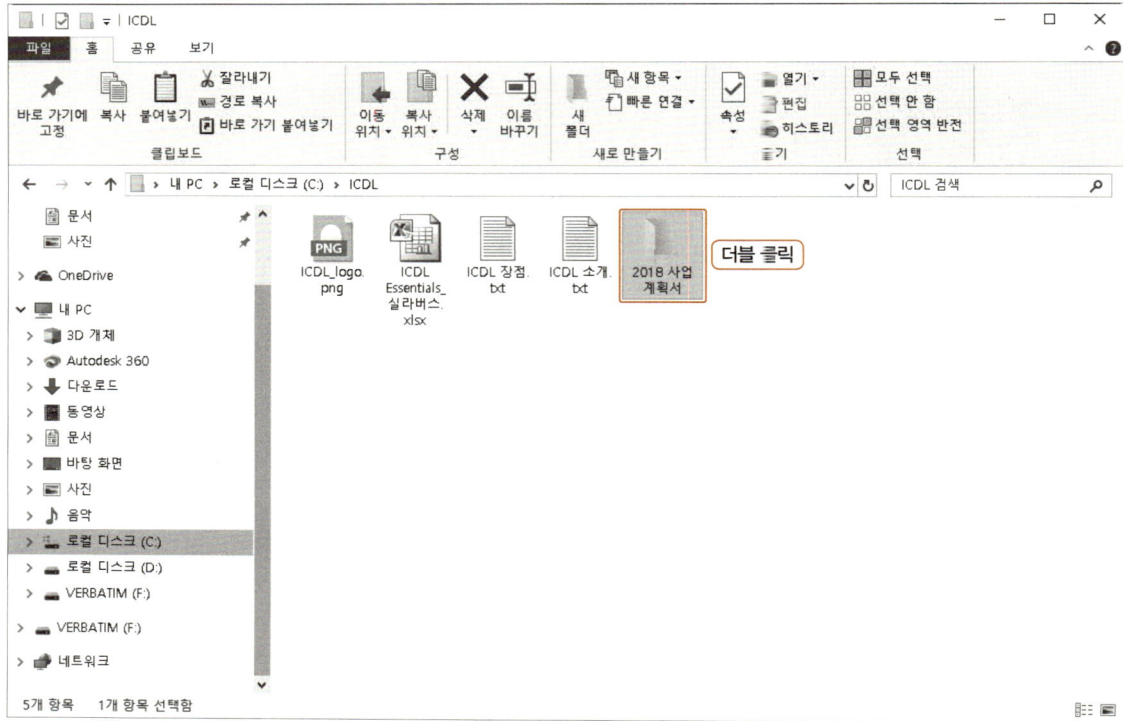

❹ [홈] 탭 → [클립보드] 그룹 → [붙여넣기]를 클릭한다.

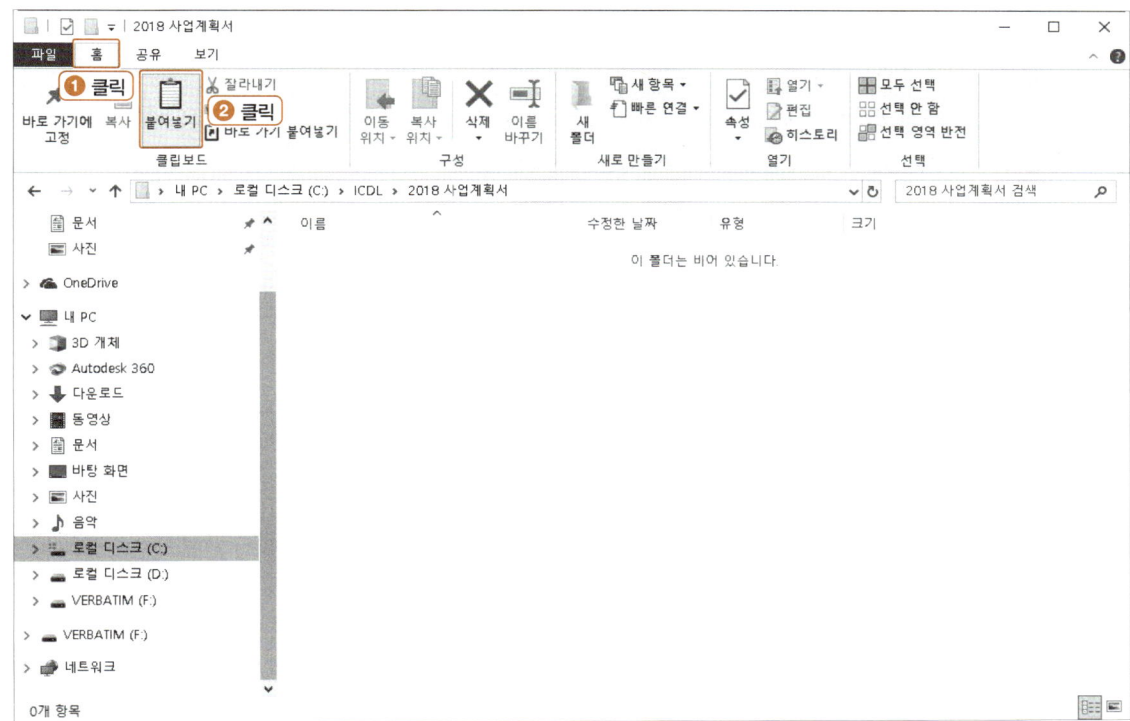

'2018 사업계획서' 폴더를 휴지통으로 삭제한 후 다시 복원하시오.

해설

- 삭제 : 해당 폴더에서 휴지통으로 이동하여 임시 삭제
- 완전히 삭제 : 휴지통으로 이동하지 않고 영구 삭제
- 모든 항목 복원 : 휴지통의 임시 삭제 파일 및 폴더 모두 복원
- 선택한 항목 복원 : 휴지통의 임시 삭제 파일 및 폴더 중 선택한 파일 및 폴더만 복원

❶ 삭제할 '2018 사업계획서'를 선택한 후 [홈] 탭 → [구성] 그룹 → [삭제] → [휴지통으로 이동]을 클릭한다.

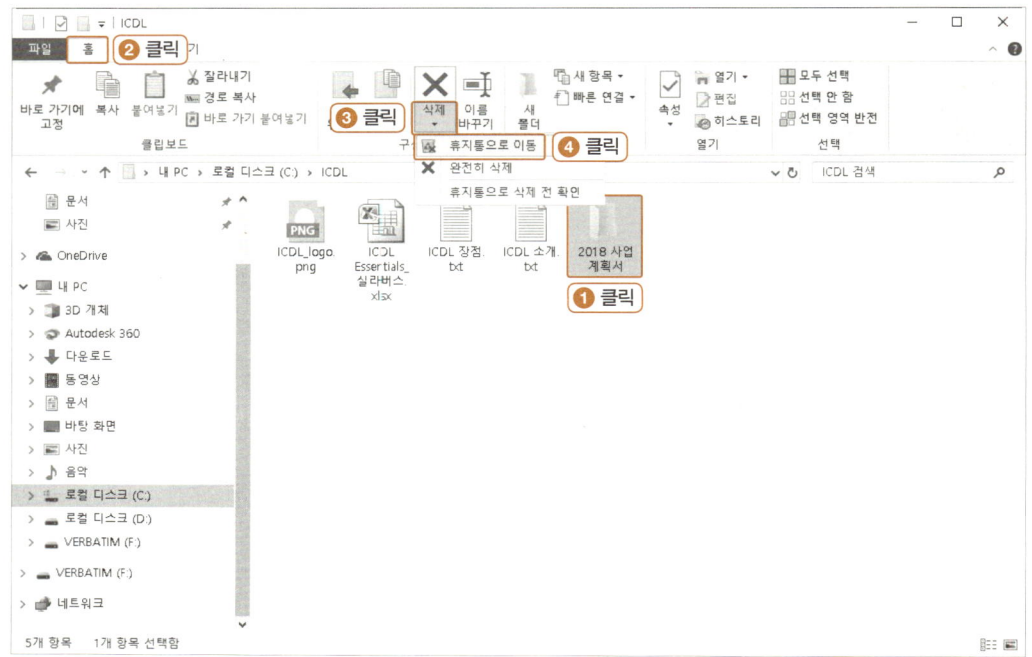

파일 및 폴더 삭제 : 파일 및 폴더를 삭제하는 경우 선택한 파일 및 폴더를 바탕화면의 [휴지통] 아이콘으로 드래그하여 삭제를 하거나 키보드의 Delete 키를 눌러 삭제 가능하다. 또한, 휴지통을 거치지 않고 바로 삭제를 원하는 경우 Shift + Delete 키를 누르면 된다. 이때 Shift + Delete 키를 통해 삭제된 파일 및 폴더는 영구 삭제되어 복원할 수 없으므로 주의해야 한다.

❷ 바탕화면으로 이동하여 [휴지통] 아이콘을 더블 클릭한다.

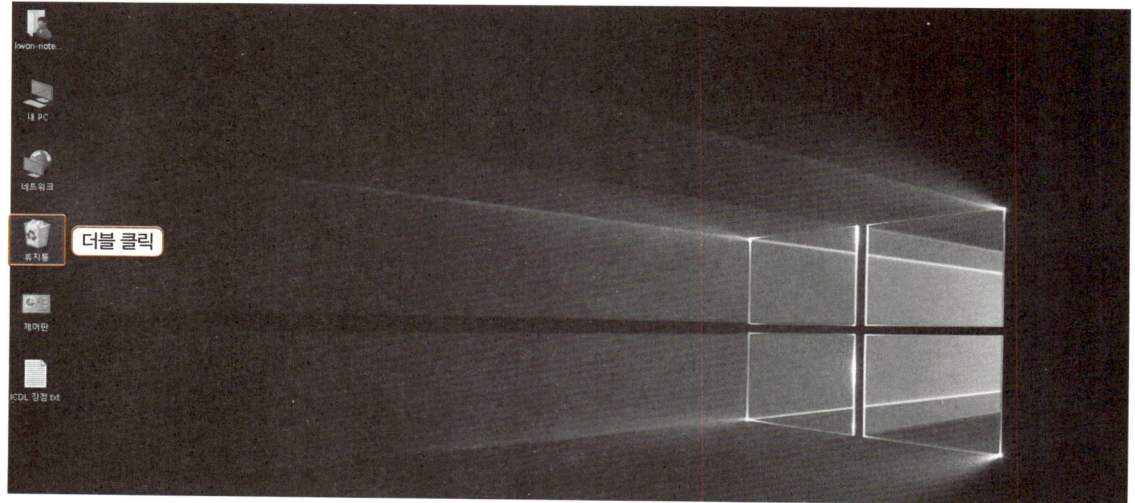

❸ '2018 사업계획서'을 선택하고 [휴지통 도구] → [관리] 탭 → [복원] 그룹 → [선택한 항목 복원]을 클릭한다.

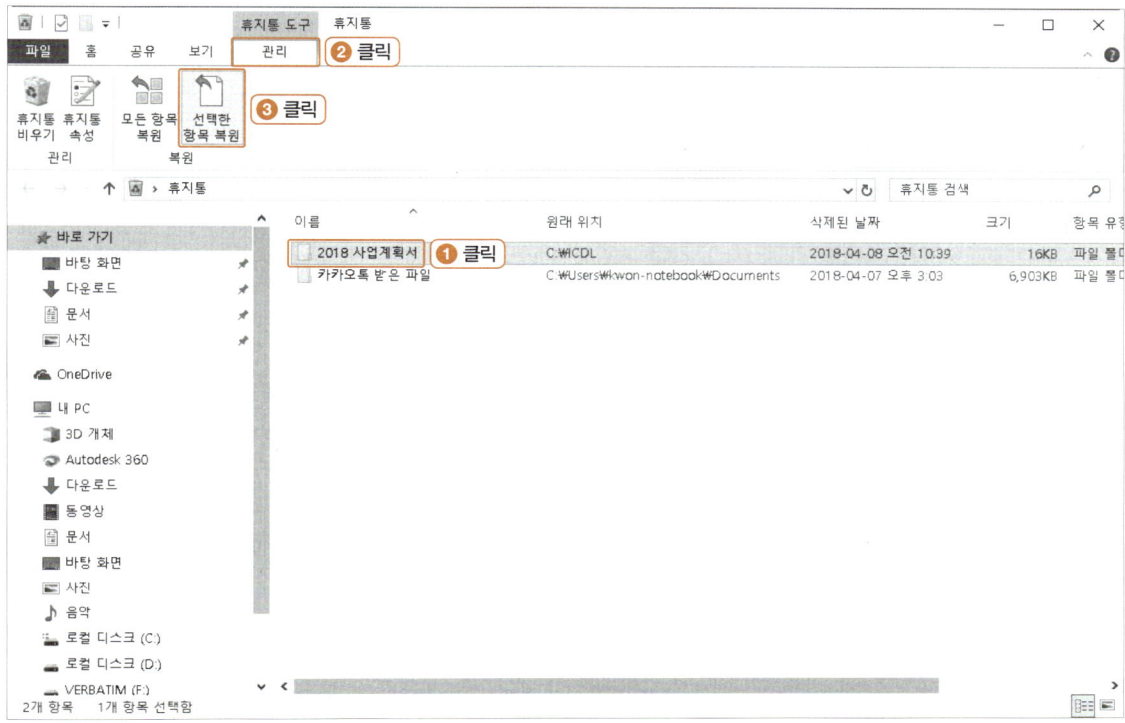

문제 **05**

휴지통을 비워 파일 및 폴더를 영구 삭제하시오.

해설

[휴지통 속성] 대화상자 : 사용자가 휴지통의 크기를 설정하거나 삭제 시 임시 삭제 없이 바로 삭제할 경우 등을 설정하는 대화상자이다.

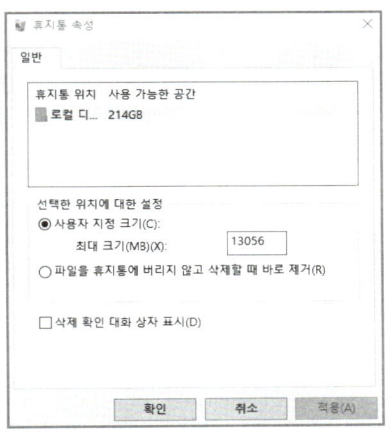

❶ 바탕화면으로 이동하여 [휴지통] 아이콘을 더블 클릭한다.

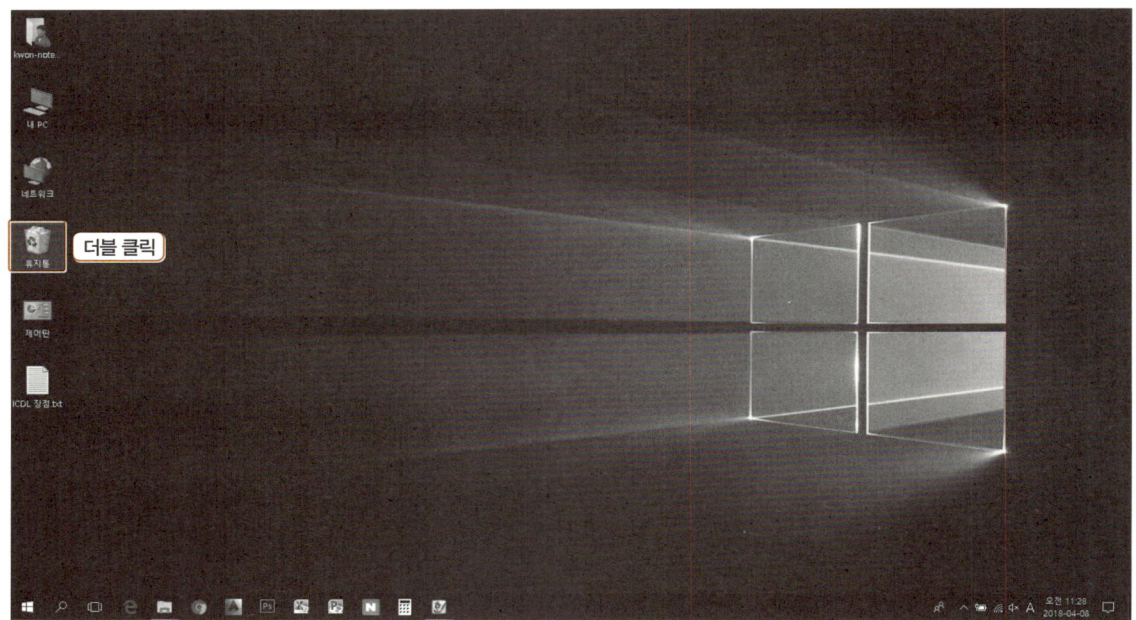

❷ [휴지통 도구] → [관리] 탭 → [휴지통 비우기]를 클릭한다.

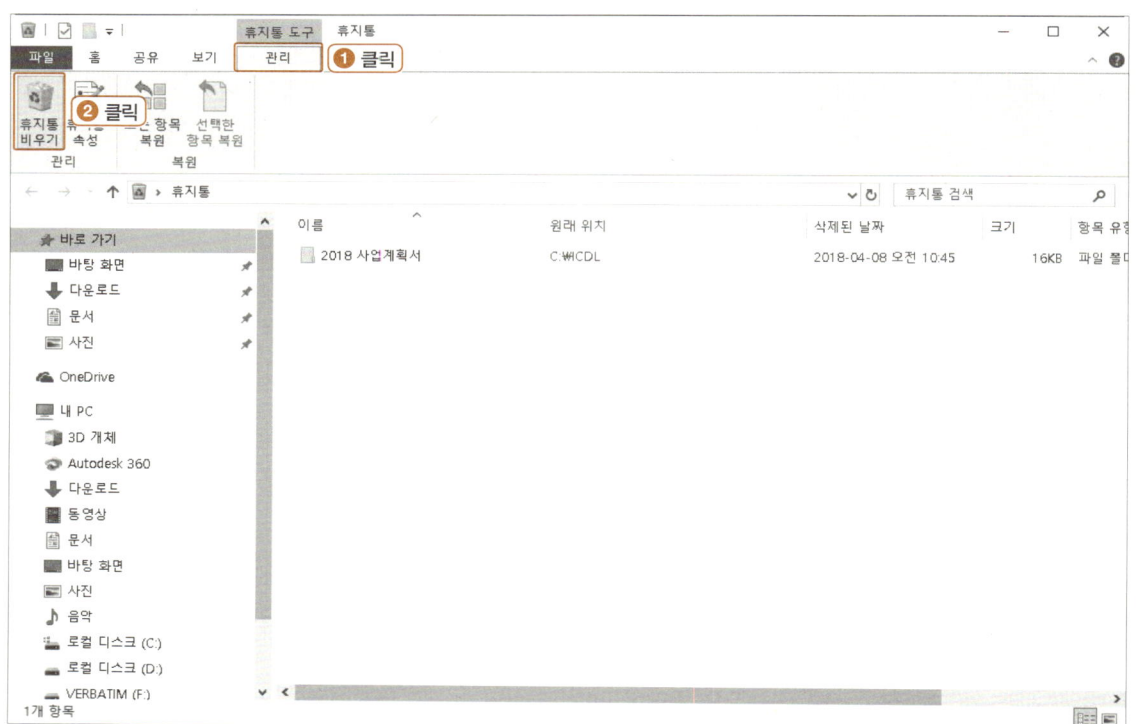

❸ [폴더 삭제] 대화상자에서 [확인] 버튼을 클릭한다.

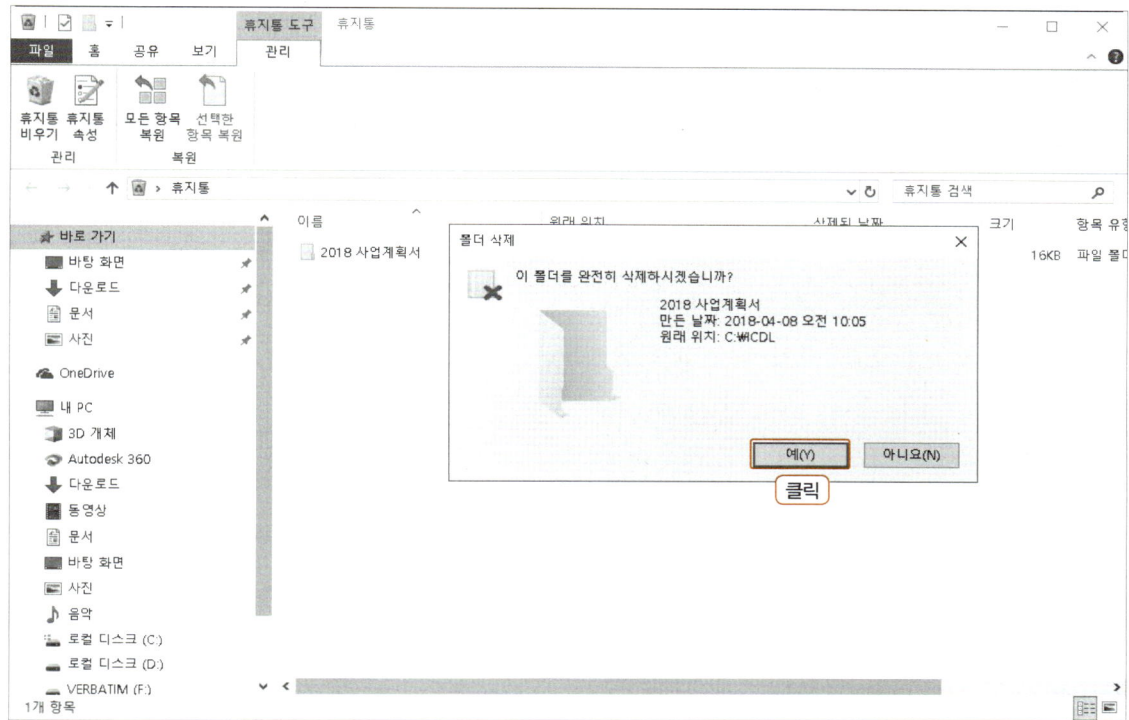

4.3 저장 및 압축

특정 응용 프로그램으로 작성한 파일은 자리를 비우거나 내용이 많아 다음에 이어 작업을 해야 하는 경우 또는 이를 다른 이에게 이메일 등을 통해 보내야 하는 경우 저장이나 압축 방법을 이용하게 된다. 저장한 파일이나 폴더는 KB, MB, GB 등과 같은 단위를 이용하여 그 크기를 측정하며 압축 기술을 이용하여 그 크기를 줄일 수도 있다. 올바른 파일 및 폴더 관리를 위해서는 저장 용량의 이해와 압축 및 압축 해제 방법을 숙지해야 한다.

실라버스	내용
4.3.1	내부 하드 디스크, 외장 하드 디스크, 네트워크 드라이브, CD, DVD, Blu-ray 디스크, USB 플래시 드라이브, 메모리 카드, 온라인 파일 저장 장치와 같은 주요 유형의 저장 매체를 식별한다.
4.3.2	파일 크기, 폴더 크기(KB, MB, GB, TB)와 같은 저장 용량 측정을 확인한다.
4.3.3	저장 장치에서 사용 가능한 공간을 확인한다.
4.3.4	파일, 폴더 압축의 목적을 이해한다.
4.3.5	파일, 폴더 압축
4.3.6	압축 파일, 폴더를 드라이브의 특정 위치로 추출한다.

문제 01

컴퓨터의 USB 포트에 연결하여 사용하며 휴대와 이동이 용이하여 대중적으로 많이 사용하는 저장 매체는 무엇인가?

① 하드 디스크 드라이브(Hard disk drive, HDD)

② CD/DVD

③ 블루레이 디스크(Blu-ray Disk)

④ USB 플래시 드라이브(USB flash drive)

- 하드 디스크 드라이브(Hard disk drive, HDD) : 컴퓨터 본체 내부의 비휘발성 보조기억 장치
- 외장 디스크 : 휴대가 용이하고 USB 등으로 컴퓨터에 연결 가능한 보조 기억장치
- CD/DVD : 음악 및 영상 매체 저장 용도로 만들어진 저장 매체
- 블루레이 디스크(Blu-ray Disk) : 고선명 비디오를 위한 디지털 데이터 저장 매체
- USB 플래시 드라이브(USB flash drive) : USB 포트에 꽂아 사용하는 최소형 이동식 저장 매체
- 클라우드 스토리지(cloud storage) : 온라인 파일 저장 매체

정답 : ㉔

문제 02

다음 중 파일 및 폴더의 저장 용량을 순서대로 나열된 것은?

① TB 〉 GB 〉 MB 〉 KB
② TB 〉 Byte 〉 MB 〉 KB
③ KB 〉 GB 〉 MB 〉 TB
④ KB 〉 MB 〉 GB 〉 Byte

해설

1TB(1,024GB) 〉 1GB(1,024MB) 〉 1MB(1,024KB) 〉 1KB(1,024Byte) 〉 1Byte(8bit) 〉 1bit

정답 : ①

문제 03

C 드라이브의 사용 가능한 공간을 확인하시오.

해설

디스크 정리 : 컴퓨터 하드 디스크의 저장 공간을 늘리는 작업이 목적이며 불필요한 파일 및 폴더를 사용자가 휴지통을 통해 직접 삭제할 수 있으나 휴지통을 비우거나 인터넷 사용에서 임시로 저장된 파일 등은 디스크 정리를 이용하여 제거한다.

❶ 바탕화면으로 이동하여 [내 PC] 아이콘을 더블 클릭한다.

❷ [컴퓨터] 탭 → [위치] 그룹 → [속성]을 클릭한다.

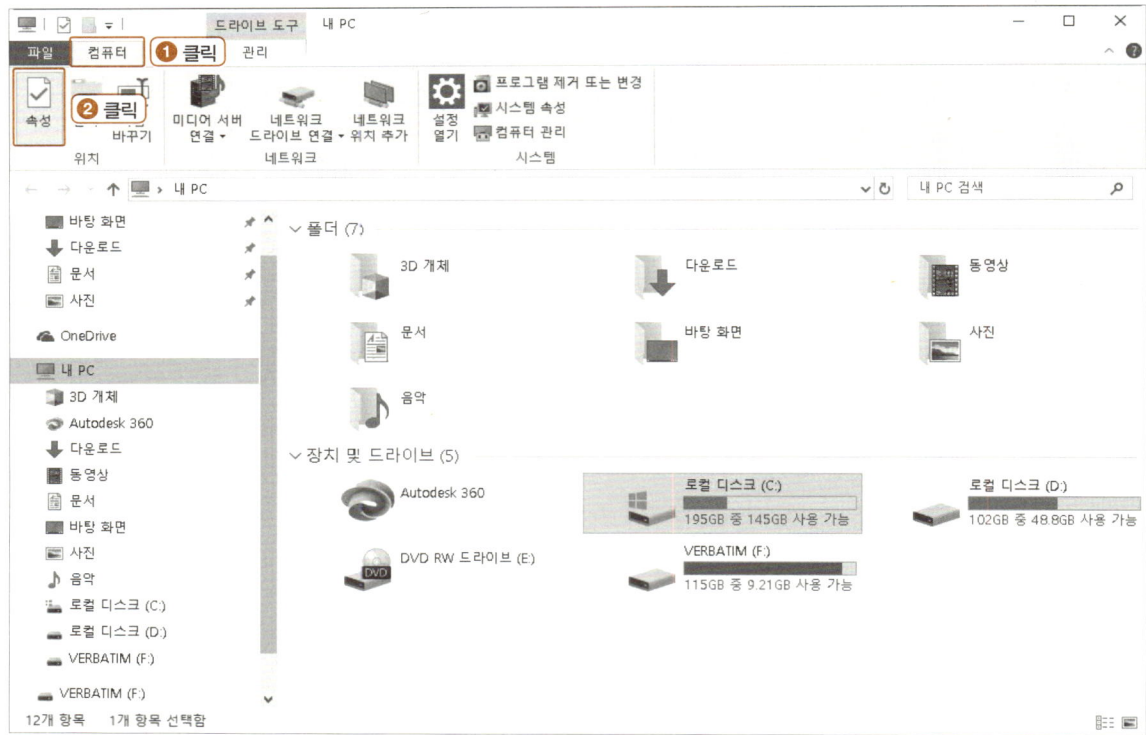

❸ [속성] 대화상자에서 사용 가능한 공간을 확인한 후 [확인] 버튼을 클릭한다.

문제 04

ICDL 폴더를 압축하시오.

해설

데이터 압축 : 저장 공간을 줄이려는 목적으로 만들어진 기술로 손실과 무손실 압축 방식을 사용하게 된다. 일반적으로 손실 압축 방식을 이용하여도 크게 구분되지 않으나 고음질, 고해상도 영상물이 필요한 경우에는 무손실 압축 방식을 이용하게 된다.

❶ C 드라이브에서 'ICDL' 폴더로 이동한다.

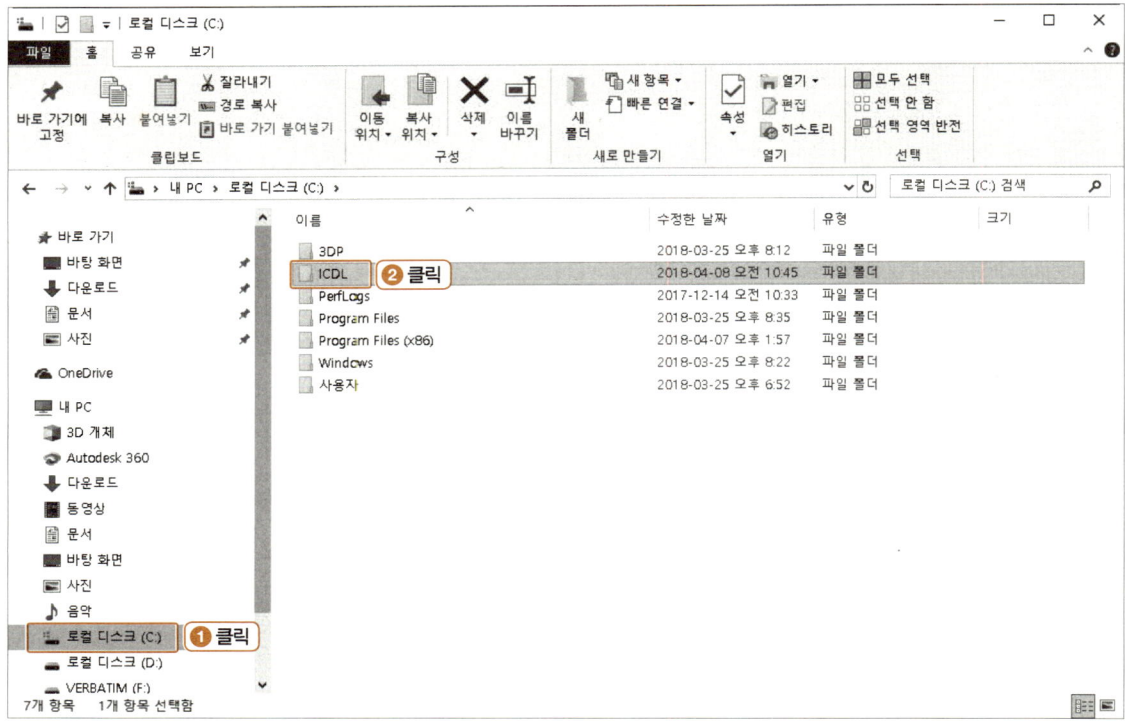

❷ [파일 탐색기] 창에서 [공유] 탭 → [보내기] 그룹 → [압축(ZIP)]을 클릭한다.

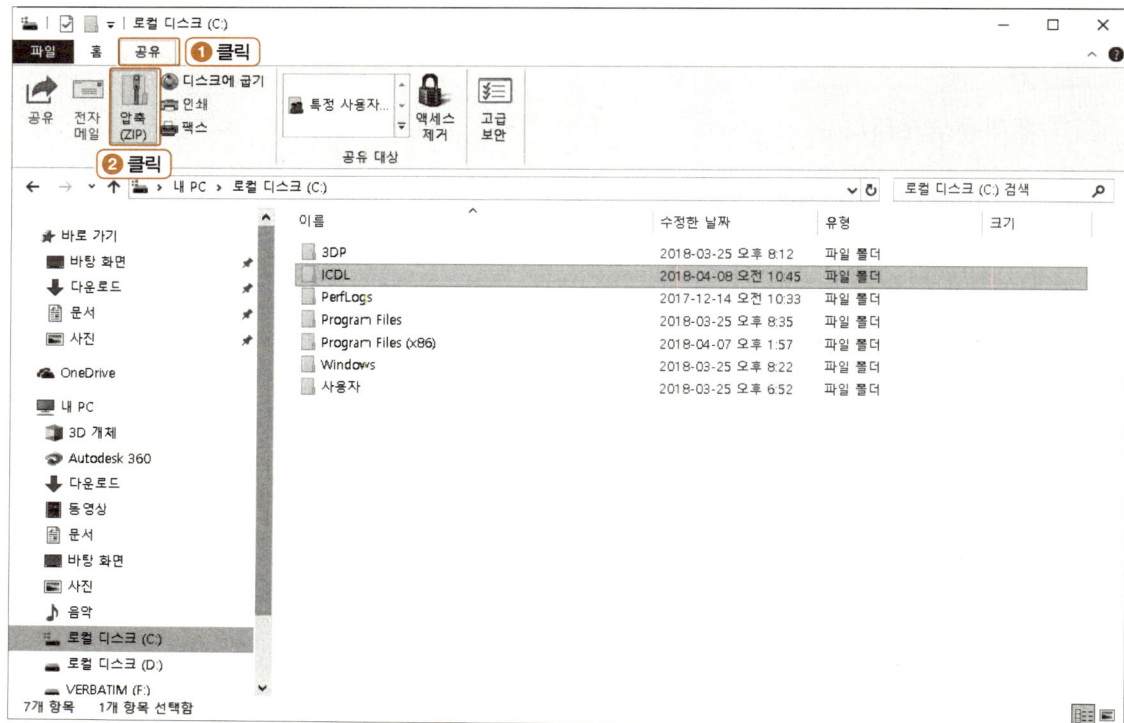

❸ [압축(ZIP) 폴더] 대화상자에서 [예] 버튼을 클릭한다.

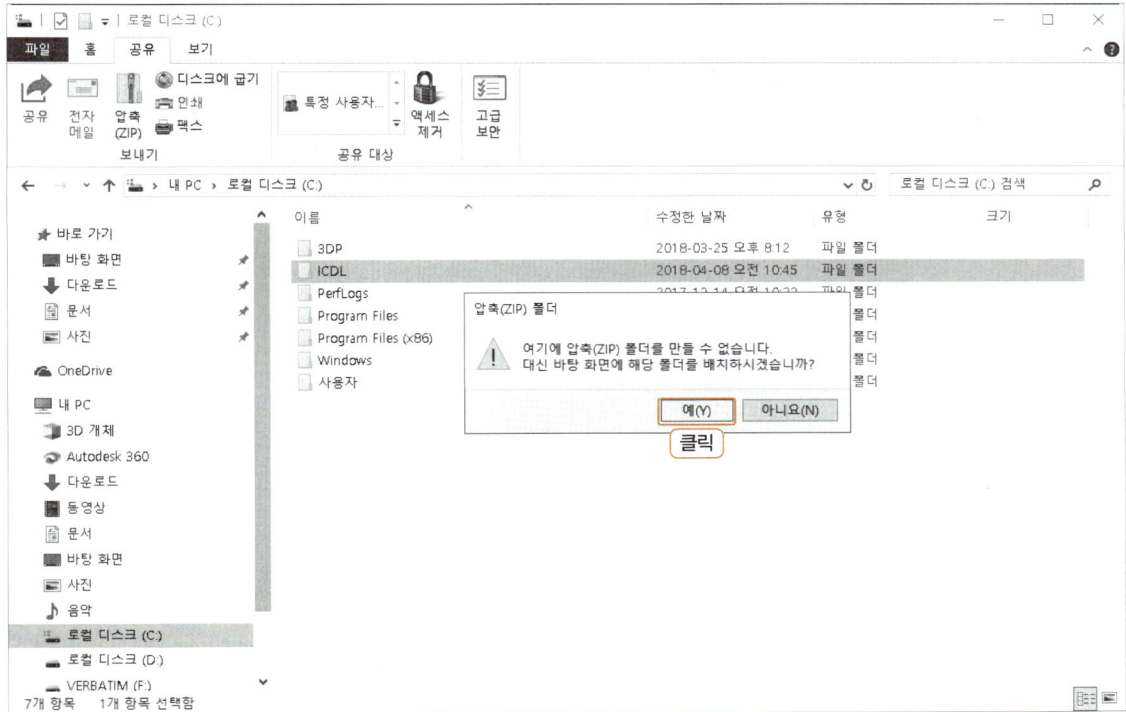

바탕화면에 압축된 ICDL 폴더의 이름을 'ICDL 2018'로 변경한 후 압축 해제하시오.

⌐ 해설

데이터 압축 해제 : Windows 자체에도 압축 및 압축 해제하는 기능을 제공하지만, 알집, 반디집, 빵집 등 다양한 압축 프로그램도 개발되어 유사한 방법으로 압축과 압축 해제 기능을 제공한다.

❶ 바탕화면에서 'ICDL.zip'을 마우스 오른쪽 버튼으로 선택하고 '이름 바꾸기'를 클릭한다.

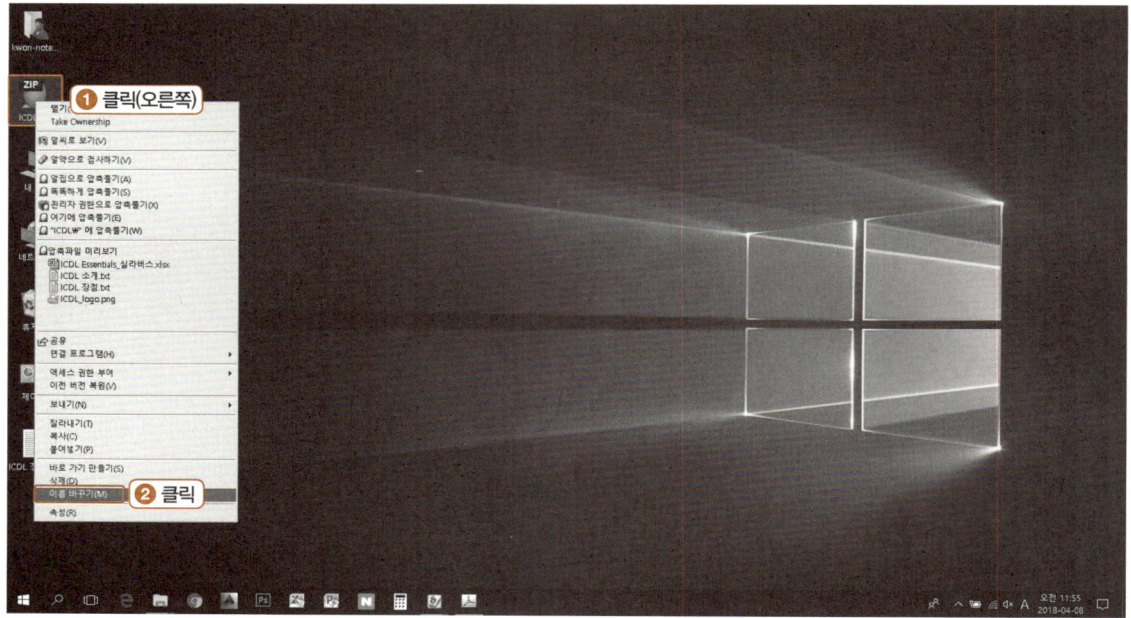

❷ 'ICDL 2018'로 변경한 후 Enter 키를 누른다.

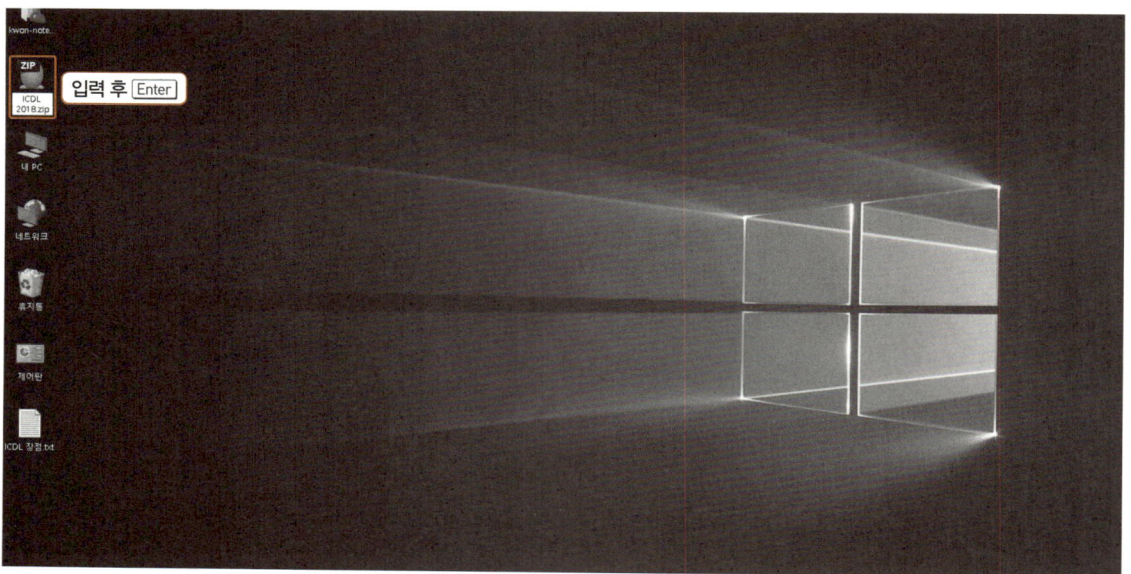

❸ 마우스 오른쪽 버튼으로 'ICDL 2018'을 선택하고 압축 풀기를 클릭한다.

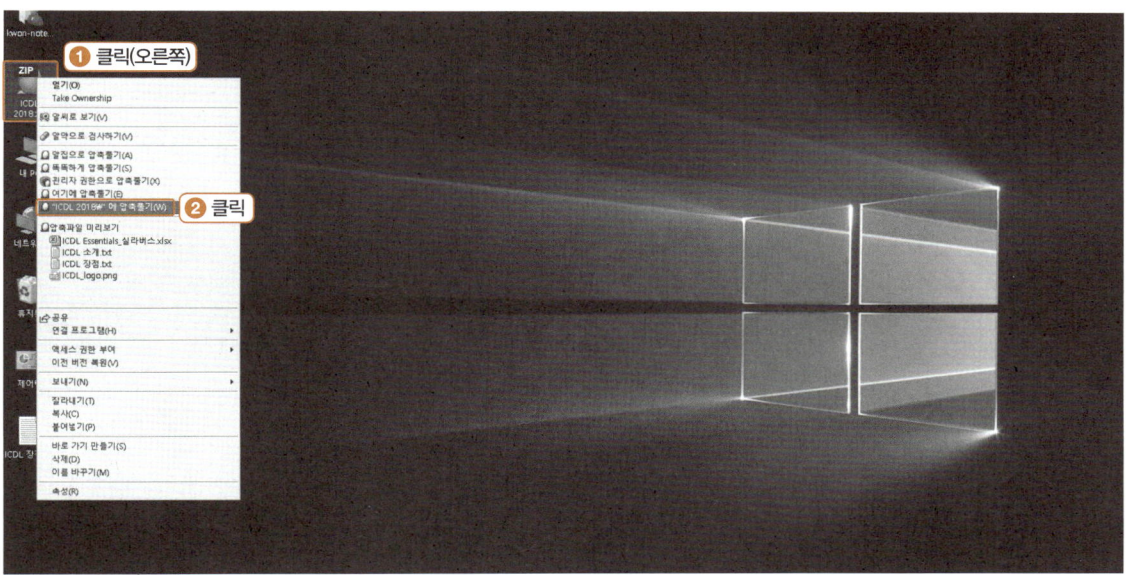

네트워크

인터넷은 과거 PC 통신처럼 모든 서비스를 제공하고 중심이 되는 호스트 컴퓨터도 없고 이를 관리하는 조직도 없다. 인터넷을 대표하는 조직으로는 ISOC(Internet Society)가 있지만, 인터넷망을 총괄 관리하는 기구는 아니다. 그러나 인터넷을 총괄적으로 관리하지는 않지만, 인터넷상의 어떤 컴퓨터 또는 통신망에 이상이 발생하더라도 통신망 전체에는 영향을 주지 않도록 실제의 관리와 접속은 세계 각지에서 분산적으로 행해지고 있다. 이번 과정에서는 네트워크에 대한 용어와 개념을 이해하고 다양한 네트워크 설정 방법에 대해 알아보자.

International
Computer
Driving
Licence

5.1 네트워크 개념

5.2 네트워크 액세스

5.1 네트워크 개념

네트워크는 컴퓨터와 컴퓨터를 전용선으로 서로 연결하여 컴퓨터 간에 통신을 가능하게 하고 정보를 공유할 수 있는 상태를 말하였으나 최근에는 선 연결 없이 무선으로 다양한 장치와 연결 및 공유가 포함된 의미이다. 인터넷은 이미 일상생활에서 매우 깊이 연관되어 사용되고 있으며 이에 대한 올바른 이해와 숙지가 필요하다.

실라버스	내용
5.1.1	네트워크라는 용어를 정의한다. 네트워크의 목적 개요 : 데이터 및 장치를 안전하게 공유하고 공유할 수 있게 한다.
5.1.2	인터넷이라는 용어를 정의한다. World Wide Web(WWW), VoIP, 전자 메일, IM과 같은 주요 용도를 확인한다.
5.1.3	인트라넷, 가상 사설망(VPN)이라는 용어를 정의하고 주요 용도를 식별한다.
5.1.4	전송률의 의미를 이해한다. 측정 방법을 이해한다.(초당 비트 수(bps), 초당 킬로 비트(kbps), 초당 머가 비트(mbps), 초당 기가비트(gbps))
5.1.5	네트워크에서 다운로드하고, 업로드하는 개념을 이해한다.

문제 01

컴퓨터로 연결되어 있는 거대한 네트워크를 무엇이라고 하는가?

① 인터넷(internet)
② 네트워크(network)
③ WWW(World Wide Web)
④ 인트라넷(intranet)

해설

- 인터넷(internet) : 컴퓨터로 연결되어 있는 거대한 네트워크
- 네트워크(network) : 컴퓨터와 컴퓨터를 전용선으로 서로 연결하여 컴퓨터 간에 통신을 가능하게 하고 정보를 공유할 수 있는 상태
- WWW(World Wide Web) : 인터넷상에 있는 전 세계의 모든 웹 사이트를 모아 놓은 집합
- 인트라넷(intranet) : 인터넷 기술과 통신 규약을 활용하여 기업 및 조직 내부로 국한된 네트워크

정답 : ①

문제 02

다음 중 네트워크의 주목적에 대해 올바르게 설명한 것은 무엇인가?

① 이메일을 안전하게 주고받는다.

② 전화선을 이용하여 파일을 안전하게 공유한다.

③ 유/무선을 통해 데이터를 안전하게 공유하고 액세스한다.

④ 인터넷 뱅킹 거래를 한다.

해설

네트워크의 주목적은 유/무선 장치를 이용하여 데이터를 불법적인 접근으로부터 안전하게 보호하고 공유하거나 액세스하는 것이다.

정답 : ③

문제 03

다음 중 조직 내에서 보안의 목적으로 폐쇄적으로 사용하는 근거리 통신망을 무엇이라 하는가?

① 인터넷(internet) ② 인트라넷(intranet)

③ 방화벽(Fire-wall) ④ 인터넷 뱅킹(internet banking)

해설

- 인터넷(internet) : 컴퓨터로 연결되어 있는 거대한 네트워크
- 인트라넷(intranet) : 인터넷 기술과 통신 규약을 활용하여 기업 및 조직 내부로 국한된 네트워크
- 방화벽(Fire-wall) : 외부 사용자들이 내부 네트워크에 접근하지 못하도록 하는 내부 네트워크 방어용 소프트웨어
- 인터넷 뱅킹(internet banking) : 인터넷을 이용한 입/출금 등의 은행 거래

정답 : ②

문제 04

외부 사용자들이 내부 네트워크에 접근하지 못하도록 하는 내부 네트워크 방어용 소프트웨어를 무엇이라고 하는가?

① 인터넷(internet)　　　　　　　　② 인트라넷(intranet)

③ 방화벽(Fire-wall)　　　　　　　　④ 인터넷 뱅킹(internet banking)

해설

- 인터넷(internet) : 컴퓨터로 연결되어 있는 거대한 네트워크
- 인트라넷(intranet) : 인터넷 기술과 통신 규약을 활용하여 기업 및 조직 내부로 국한된 네트워크
- 방화벽(Fire-wall) : 외부 사용자들이 내부 네트워크에 접근하지 못하도록 하는 내부 네트워크 방어용 소프트웨어
- 인터넷 뱅킹(internet banking) : 인터넷을 이용한 입/출금 등의 은행 거래

정답 : ③

문제 05

온라인상에서 다른 사람에 의해 내 개인 정보가 노출되거나 개인이 의도하지 않아도 타인에 의해 컴퓨터의 정보를 빼앗는 일련의 불법적인 활동을 무엇이라고 하는가?

① 해킹(Hacking)　　　　　　　　② 해커(Hacker)

③ 크래커(Cracker)　　　　　　　　④ 인터넷 서핑(internet surfing)

해설

- 해킹(Hacking) : 온라인상에서 다른 사람에 의해 내 개인 정보가 노출되거나 개인이 의도하지 않아도 타인에 의해 컴퓨터의 정보를 빼앗는 일련의 불법적인 활동
- 해커(Hacker) : 컴퓨터 시스템과 네트워크 분야에 전문 지식을 가지고 있는 사람으로 고의적으로 네트워크를 통해 다른 시스템에 접근권한을 얻어 침입하는 사람으로 원하는 정보를 얻거나 자신들의 실력과 지식을 보여주기 위한 목적으로 가지고 있다.
- 크래커(Cracker) : 해커와 비교해 볼 때 상대방 시스템에 피해를 준다는 점이 다르며 고의적으로 네트워크를 통해 다른 시스템에 접근한 후 소프트웨어의 암호코드를 제거하거나 악의적인 의도를 가지고 시스템을 망가뜨리거나 중요한 데이터를 파괴하는 불법을 일으키는 사람
- 인터넷 서핑(internet surfing) : 뉴스를 보거나 상품을 구매하고 원하는 위치 등을 찾고자 하는 등 특정 정보를 찾기 위해 여러 사이트를 돌아다니는 것

정답 : ①

문제 06

다음 중 데이터 전송률에 대한 단위에 해당하는 것은?

① KB
② bps
③ cm
④ kg

해설

데이터 전송률
- bps : 초당 비트 수
- kbps : 초당 킬로비트 수
- mbps : 초당 메가비트 수
- gbps : 초당 기가비트 수

정답 : ②

문제 07

유/무선으로 연결된 컴퓨터에서 공유의 목적으로 타 컴퓨터 또는 장치에서 파일을 받을 수 있도록 전송하는 것을 무엇이라 하는가?

① 클라이언트(Client)
② 서버(Server)
③ 다운로드(Down load)
④ 업로드(Upload)

해설

- 클라이언트(Client) : 네트워크를 통해 서버(Server) 측에 서비스를 요청하는 주체(컴퓨터)
- 서버(Server) : 클라이언트 컴퓨터의 요구에 각종 서비스를 제공하는 주체(컴퓨터)
- 다운로드(Down load) : 통신망을 통해 인터넷 페이지 및 전자 게시판 등에서 특정 파일 및 프로그램을 사용자의 컴퓨터로 가져오는 것
- 업로드(Upload) : 통신망을 통해 사용자의 컴퓨터에서 특정 파일 및 프로그램을 다른 컴퓨터 또는 장치로 보내는 것

정답 : ④

5.2 네트워크 액세스

예전과 달리 최근에는 선이 없는 무선 네트워크를 이용하여 컴퓨터뿐만 아니라 다양한 장치와 연결하고 서로 데이터를 주고받으며 공유하거나 활용하게 된다. 이때 데이터 용량의 크기에 따라 다양한 연결 방법을 선택하고 또한, 속도를 결정하게 된다. 특히 무선 네트워크의 경우 그 비용이 유선 네트워크에 비교해 다소 비싸며 보안에 대한 취약성이 단점이다. 이에 인터넷 연결 방법과 인터넷 서비스 이용 방법, 무선 네트워크의 상태 점검 등의 방법에 대해 숙지해보자.

실라버스	내용
5.2.1	전화선, 휴대 전화, 케이블, Wi-Fi, wi-max, 위성과 같이 인터넷 연결을 위한 다양한 옵션을 식별한다.
5.2.2	인터넷 서비스 제공자(ISP)라는 용어를 정의한다. 업로드 속도, 다운로드 속도 및 할당량, 비용과 같은 인터넷 가입 옵션을 선택할 때 중요한 고려 사항을 확인한다.
5.2.3	무선 네트워크의 상태를 보호하고 공개한다.
5.2.4	무선 네트워크에 연결한다.

문제 01

일정 반경 내에 AP를 통해 컴퓨터 및 통신 장비 등의 다수 장치에 무선 네트워크를 연결해 주는 기술을 무엇이라 하는가?

① 스마트 폰(smart phone)   ② 블루투스(Bluetooth)

③ 와이파이(Wi-Fi)   ④ 광역통신망(WAN)

- 스마트 폰(smart phone) : 과거 전화를 걸거나 문자를 주고받는 등의 기능에 인터넷 통신 및 정보 검색 등의 기능을 추가한 지능형 단말기
- 블루투스(Bluetooth) : 스마트 폰, 노트북, 헤드셋, 이어폰 등 휴대 기기 간에 선 연결 없이 무선으로 정보를 교환하는 근거리 무선 기술 표준
- 와이파이(Wi-Fi) : AP(Access Point : 무선 공유기 등)를 통해 일정 반경 내의 복수 단말기에 무선 신호를 전달하는 근거리 무선 기술 표준
- 광역통신망(WAN : Wide Area Network) : 둘 이상의 LAN이 광대한 지역에 걸쳐 연결된 네트워크

정답 : ③

문제 02

개인이나 단체가 인터넷에 접속할 수 있는 회선 등의 서비스를 제공하는 업체를 무엇이라고 하는가?

① ISP(Internet Service Provider)　　② FTP(File Transfer Protocol)

③ URL(Uniform Resource Locator)　　④ IRC(Internet Relay Chat)

- ISP(Internet Service Provider) : 개인이나 단체가 인터넷에 접속할 수 있는 회선 등의 서비스를 제공하는 업체
- FTP(File Transfer Protocol) : 인터넷을 통해 한 컴퓨터에서 다른 컴퓨터로 파일을 전송하는 방법 등의 통신 규약
- URL(Uniform Resource Locator) : 인터넷의 다양한 정보에 대한 자원의 위치 및 종류에 대한 규칙
- IRC(Internet Relay Chat) : 인터넷을 이용한 실시간 채팅 프로그램

정답 : ①

문제 03

현재 컴퓨터에 연결된 무선 네트워크 연결을 끊으시오.

무선 네트워크 연결 : 노트북, 스마트 폰과 같은 장치에는 무선 네트워크를 사용할 수 있는 무선 랜카드를 가지고 있어 무선 신호를 잡을 수 있다. 집 또는 사무실에서 사용하는 데스크톱의 경우 유선으로 연결하여 인터넷을 사용하는 경우도 있으므로 무선 네트워크를 사용할 수 없는 경우도 있다.

❶ 바탕화면의 작업 표시줄의 오른쪽에 [알림] 단추를 클릭한다.

❷ 확장 항목에서 [네트워크]를 클릭한다.

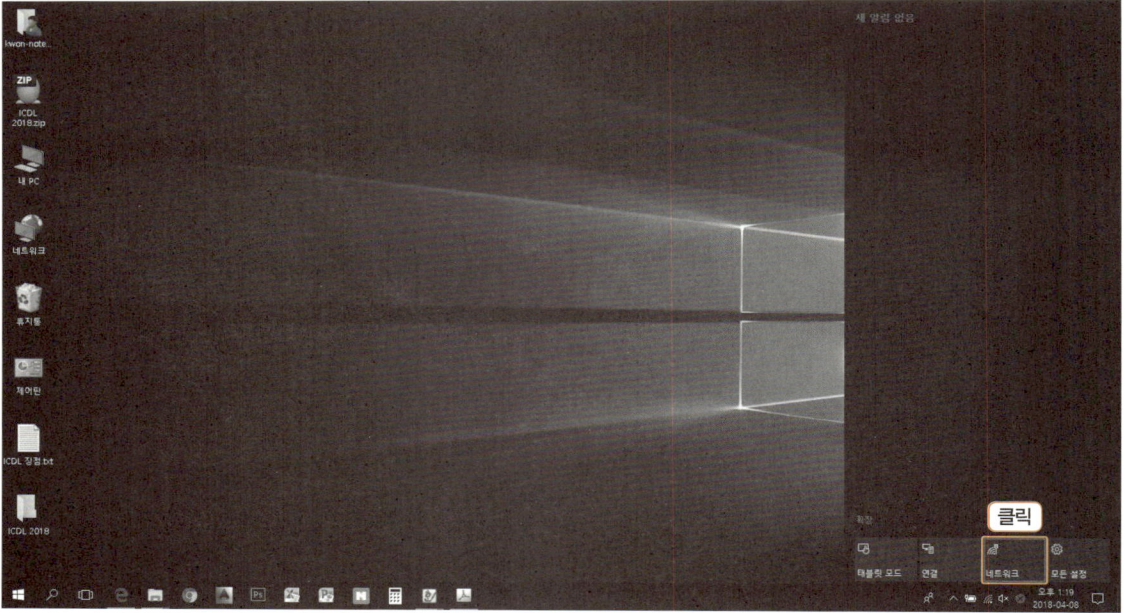

❸ [연결 끊기] 버튼을 클릭한다.

끊어진 무선 네트워크를 다시 연결하시오.(자동으로 연결)

해설

자동으로 연결 : 해당 노트북 또는 스마트 폰과 같은 장치가 해당 네트워크 주변에 접근하였을 경우 사용자가 연결 작업을 진행할 필요 없이 자동으로 네트워크에 연결해 주는 기능을 의미한다.

❶ 바탕화면의 작업 표시줄의 오른쪽에 [알림] 단추를 클릭한다.

❷ 확장 항목에서 [네트워크]를 클릭한다.

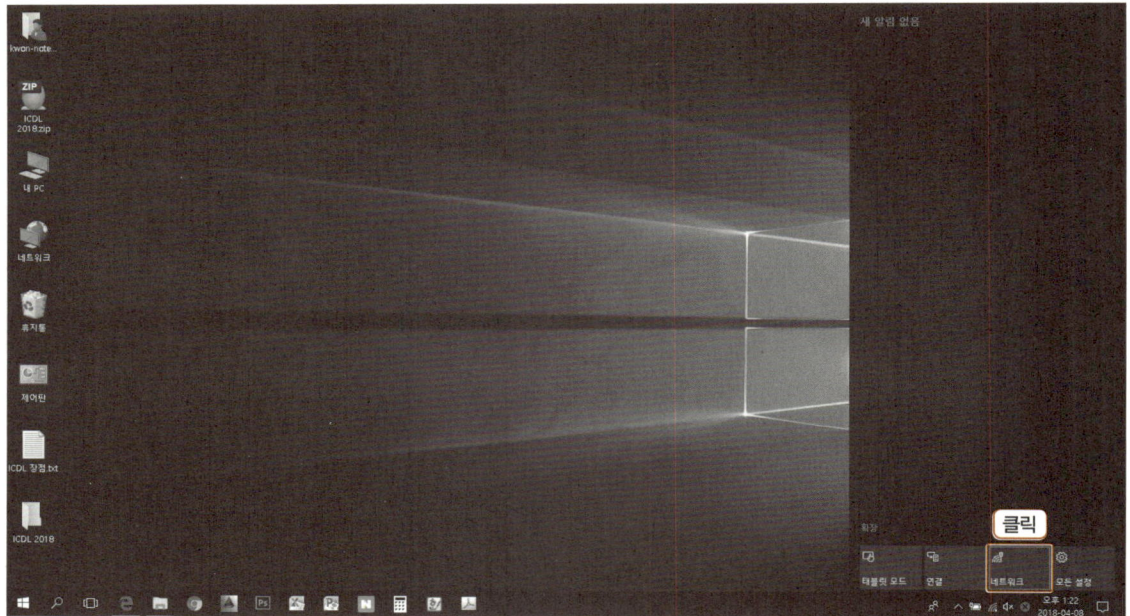

❸ '자동으로 연결'을 체크하고 [연결] 버튼을 클릭한다.

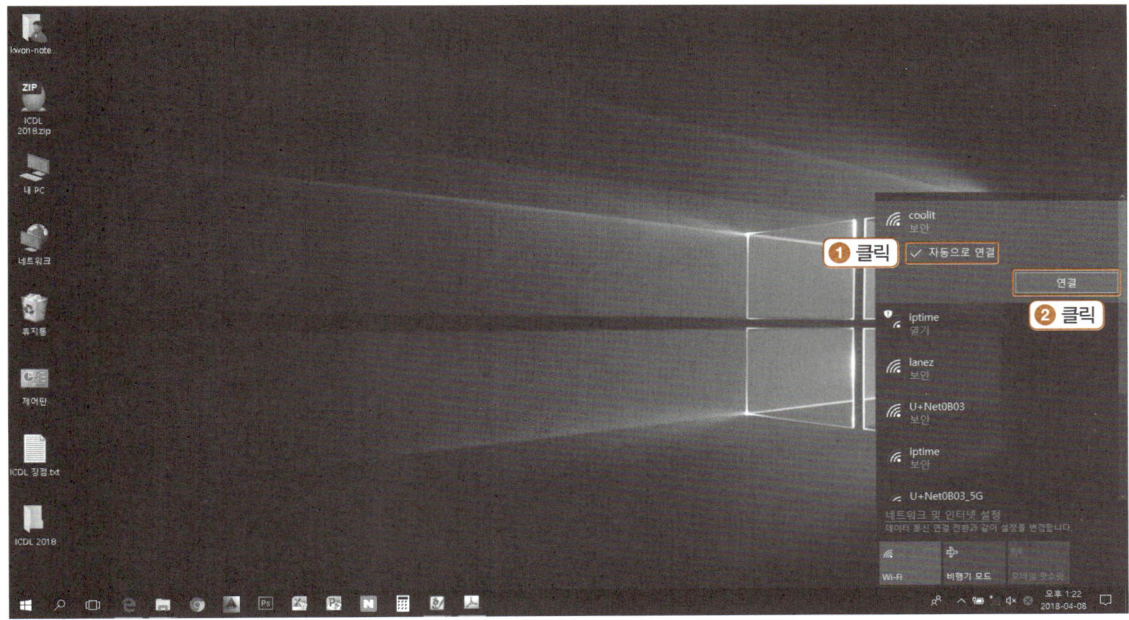

Chapter
6

보안과 안전

인터넷의 무한히 공개된 정보는 개인의 지식을 쉽게 넓힐 수 있는 기회로 사용되고 있다. 그러나 공개된 정보를 사용함에 있어서 그만큼 보안에 있어 취약하다는 것을 알아야 한다. 악의적인 목적으로 다른 인터넷 사용자의 컴퓨터 및 기타 장치를 파괴하고 개인 정보를 빼내서 불법적인 용도로 사용하는 경우가 어딘가에서 발생하고 있다. 이번 과정에서는 이처럼 위험하고 취약한 보안에 대해 인식하고 올바르게 대처할 수 있는 방법에 대해 알아보자.

International
Computer
Driving
Licence

6.1 데이터 및 장치 보호

해킹 및 해커들에 의해 우리의 개인 정보가 쉽게 노출되거나 악의적인 목적으로 사용될 가능성이 늘 존재함을 인식하고 있어야 한다. 예를 들어 누구나 쉽게 예측할 수 있는 개인의 전화번호나 생일 등을 비밀번호로 사용하는 것은 해커들에게 매우 고마운 일이 될 것이다. 일상생활에서 통신 장치를 자주 사용하는 우리는 언제나 해킹의 위험성에 노출되어 있고 이를 대비하기 위해 각각의 계정 비밀번호를 올바른 방법으로 설정하고 정기적으로 변경을 해야 하며 또한 방화벽 설정 및 안티바이러스 소프트웨어의 업데이트를 생활화해야 함을 인지해야 한다.

실라버스	내용
6.1.1	적절한 길이의 문자 작성, 적절한 문자 혼합, 공유하지 않음, 정기적으로 변경과 같은 좋은 암호 정책을 인식한다.
6.1.2	방화벽이라는 용어를 정의하고 그 목적을 설명한다.
6.1.3	원격 위치에 정기적으로 데이터를 백업하는 목적을 이해한다.
6.1.4	바이러스 백신, 응용 프로그램, 운영 체제 소프트웨어와 같이 정기적으로 업데이트되는 소프트웨어의 중요성을 인식한다.

문제 01

다음 중 개인의 암호를 설정하는 방법으로 가장 올바른 것은?

① 개인의 전화번호를 사용한다.

② 친구의 주민등록 번호를 사용한다.

③ 영문자로만 8글자 이내로 사용한다.

④ 특수 문자, 숫자, 영문자를 섞어 되도록 길게 사용한다.

개인 비밀번호 설정 : 계정(ID)과 달리 암호(비밀번호)는 해킹 및 비밀번호 유출을 막기 위해 특수 문자, 숫자, 영문자를 골고루 섞어 되도록 길게 사용하고 정기적으로 변경하는 것이 좋다.

정답 : ④

문제 02

방화벽(Fire-wall)에 대한 설명으로 올바른 것은?

① 빠른 인터넷 속도 제공을 위한 하드웨어 장비

② 최신 버전의 응용 프로그램을 유지하도록 도와주는 소프트웨어

③ 외부 사용자들이 내부 네트워크에 접근하지 못하도록 하는 내부 네트워크 방어용 소프트웨어

④ 악성 코드에 대한 실시간 감시 및 치료

방화벽(Fire-wall) : 외부 사용자들이 내부 네트워크에 접근하지 못하도록 하는 내부 네트워크 방어용 소프트웨어 및 하드웨어 장비

정답 : ③

문제 03

다음 중 정기적으로 원격 위치에 데이터 백업을 하는 이유는 무엇인가?

① 원본 파일 손상을 대비하기 위해

② 스토리지의 저장 공간을 늘리기 위해

③ 가장 저렴한 비용으로 데이터를 보관하기 위해

④ 전 세계 어디에서든 데이터에 접근하기 위해

데이터 백업 : 데이터 백업을 정기적으로 원격의 위치에 하는 이유는 혹시 모르는 사고에 의해 중요한 원본 파일이 손상된 경우 이를 복구하기 위해서이다.

정답 : ①

다음 중 인터넷상에서 개인 정보 확산에 따른 위험에 대해 가장 올바르게 설명한 것은?

① 백신을 최신 것으로 설치하면 더 이상의 위험은 없다.

② 방화벽은 백신보다도 더 강력하게 개인 정보를 보호한다.

③ 공인인증서는 절대로 복제할 수가 없다.

④ 인터넷상에서 개인정보 유출은 언제든 가능하기 때문에 주의해야 한다.

해설

개인 정보 보호 : 개인 정보는 언제든지 유출될 가능성이 있으므로 백신 설치 후에도 최신 상태로 지속적인 업데이트를 해야 하며 방화벽을 함께 사용하면 더욱 위험성을 낮출 수 있다.

④ : 답정

6.2 악성코드

지금 이 시각에도 악의적인 목적의 악성코드는 계속 만들어지고 있으며 이에 코드를 미리 감지하고 치료하는 백신도 함께 개발되므로 사용자는 지속적으로 관심을 갖고 최신의 상태로 업데이트해야 한다. 악성코드는 단순히 바이러스만 말하는 것이 아니라 웜, 트로이 목마, 스파이웨어 등 다양한 형태로 위협하고 있다. 이러한 위협으로부터 좀 더 나은 개인의 정보 보호를 위해 준비해야 할 사항 및 방법에 대해 숙지해보자.

실라버스	내용
6.2.1	악성코드라는 용어를 이해한다. 바이러스, 웜, 트로이 목마, 스파이웨어와 같은 다양한 유형의 악성코드를 식별한다.
6.2.2	악성코드가 컴퓨터나 장치를 어떻게 감염시킬 수 있는지 인지해야 한다.
6.2.3	안티바이러스 소프트웨어를 사용하여 컴퓨터를 검사한다.

문제 01

컴퓨터가 본래 목적의 작업을 할 수 없도록 제한하거나 방해하도록 설계된 소프트웨어를 무엇이라고 하는가?

① 악성 소프트웨어   ② 백신 프로그램

③ 방화벽   ④ 운영체제

해설

악성 소프트웨어 : 악성 코드 또는 맬웨어(malware)는 컴퓨터에 나쁜 영향을 끼치는 모든 소프트웨어 통칭으로 컴퓨터의 본래 목적을 방해 또는 제한, 중요 파일 파괴, 개인정보 유출 등 다양한 형태로 피해를 준다.

① : 답정

문제 02

사용자의 동의 없이 광고를 표시하거나 컴퓨터에 저장되어 있는 사용자에 대한 정보를 수집하고 컴퓨터의 설정을 변경하는 것은 다음 중 어느 것에 해당하는가?

① 스파이웨어　　　　　　　　　② 웜

③ 바이러스　　　　　　　　　　④ 트로이 목마

해설

스파이웨어 : 사용자의 동의 없이 광고를 표시하거나 컴퓨터에 저장되어 있는 사용자에 대한 정보를 수집하거나 컴퓨터의 설정을 변경하는 악성 코드이다.

정답 : ①

문제 03

컴퓨터의 취약점을 찾아 네트워크를 통해 스스로 복제하고 감염되는 형태는 다음 중 어느 것에 해당하는가?

① 스파이웨어　　　　　　　　　② 웜

③ 바이러스　　　　　　　　　　④ 트로이 목마

해설

웜 : 컴퓨터의 취약점을 찾아 네트워크를 통해 스스로 복제하고 감염되는 악성 코드로 네트워크에 시스템 과부하를 일으킨다.

정답 : ②

문제 04

파일의 확장명을 다른 확장명으로 변경하여 사용하지 못하도록 하고 해커에게 돈을 지불하면 이를 복구해주는 것을 다음 중 무엇이라 하는가?

① 스파이웨어　　　　　　　　　② 웜

③ 램섬웨어　　　　　　　　　　④ 트로이 목마

해설

램섬웨어 : 램섬웨어에 감염되면 파일의 확장명이 바뀌어 파일을 열거나 쓸 수 없게 된다. 이때 해커가 돈을 요구하고 요구한 금액을 결제하면 해결되는 형태의 악성 코드 중 하나이다.

정답 : ③

다음 중 악성코드에 감염될 수 있는 행위에 해당하는 것은 무엇인가?

① 여러 사람에게 동일한 내용의 이메일을 발송한다.

② 컴퓨터를 종료한 후 전원 케이블을 꽂아둔다.

③ 오랜 시간 인터넷 쇼핑을 즐긴다.

④ 출처를 알 수 없는 곳에서 파일을 다운로드 받는다.

해설

악성코드 감염 경로 : 악성코드는 출처를 알 수 없는 곳에서 파일을 다운로드하거나 평소 모르는 사람으로부터 받은 이메일을 열어 첨부된 파일을 다운받는 경우 감염될 수 있으므로 주의해야 한다.

정답 : ④

6.3 건강과 그린 IT

컴퓨터는 다양한 업무와 분야에 활용됨으로써 우리 생활에 많은 편리함과 시간을 절약하는 등의 유익함을 준다. 이러한 많은 장점을 가진 컴퓨터도 일정 부분은 사람에게 또는 환경에 피해를 주기도 한다. 이에 컴퓨터 사용에 있어 올바른 자세가 필요하고 각종 컴퓨터 장치의 재활용을 통해 우리 환경을 지켜내야 한다. 컴퓨터 사용에 있어 적절한 조명, 올바른 자세 등을 알아보고 에너지 절약을 위한 설정 방법 등을 숙지해보자.

실라버스	내용
6.3.1	규칙적인 휴식을 취하고 적절한 조명과 자세를 유지하는 것과 같이 컴퓨터나 장치를 사용하는 동안 사용자의 복지를 보장할 수 있는 방법을 찾는다.
6.3.2	컴퓨터 및 장치의 에너지 절약을 위해 자동 종료, 백라이트, 절전 모드 설정을 조정한다.
6.3.3	컴퓨터, 장치, 배터리, 프린터 카트리지 및 용지는 재활용해야 함을 인식한다.
6.3.4	음성 인식 소프트웨어, 화면 판독기, 화면 돋보기, 온 스크린 키보드, 고대비와 같은 접근성 향상을 위해 사용할 수 있는 몇 가지 옵션을 확인한다.

문제 01

다음 중 컴퓨터 사용에 있어 올바른 행동에 해당하지 않은 것은?

① 컴퓨터에서 벗어나 정기적으로 휴식을 취한다.

② 집중하여 장기간 동안 컴퓨터에서 작업을 한다.

③ 화면 보호기가 있는 컬러 모니터를 사용한다.

④ 일정 간격을 두고 손목과 목 등을 풀어준다.

컴퓨터 사용 : 컴퓨터를 장시간 사용하다 보면 눈, 손목, 목, 어깨 등에 피로가 오게 된다. 따라서 정기적으로 휴식을 취하면서 몸을 풀어주는 행동을 통해 장시간 컴퓨터 사용으로부터의 건강을 해치지 않도록 관리해야 한다.

정답 : ②

문제 02

다음 중 컴퓨터 사용에 있어 환경을 보호하는 행동에 해당하는 것은 무엇인가?

① 프린터 카트리지를 재활용한다.

② 눈의 피로를 막기 위해 정기적으로 모니터를 새것으로 교체한다.

③ 컴퓨터 전원을 켠 후 5분간 사용하지 않는다.

④ 모니터 화면의 밝기를 어둡게 설정한다.

컴퓨터 사용 : 컴퓨터 사용에 있어 환경을 보호하는 행동은 프린터의 카트리지와 같이 자주 교체하게 되는 것 등은 재활용하는 것이다.

정답 : ①

문제 03

Windows의 화상 키보드를 실행한 후 최소화하시오.

화상 키보드 : 정상적으로 사용 중이던 키보드가 갑자기 고장 나거나 실행이 되지 않는 경우 사용할 수 있는 유용한 기능으로 입력할 내용을 마우스로 클릭하여 글자를 입력하게 된다. 실제 키보드를 이용하여 입력하는 것보다는 다소 입력 시간이 걸리나 갑작스러운 상황에 유용하게 사용할 수 있다.

❶ 작업 표시줄의 [시작] 단추를 클릭한 후 [설정]을 클릭한다.

❷ [Windows 설정]의 [접근성]을 클릭한다.

❸ 접근성 항목에서 '키보드'를 클릭한다.

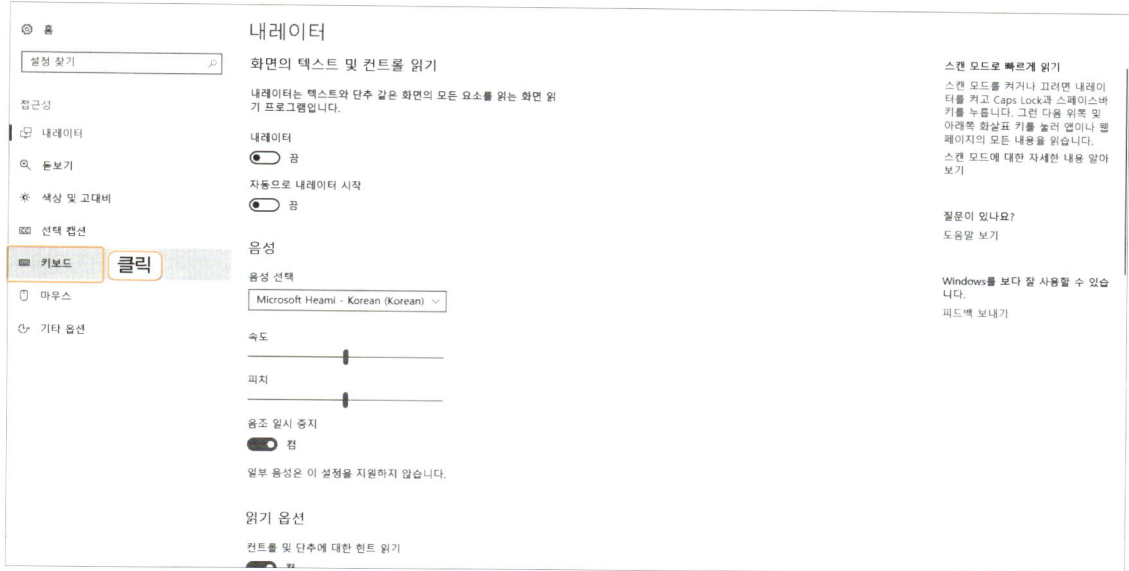

❹ 키보드 항목에서 화상 키보드를 '켬'으로 설정한다.

❺ 화상 키보드가 표시되면 [최소화] 버튼을 클릭한다.

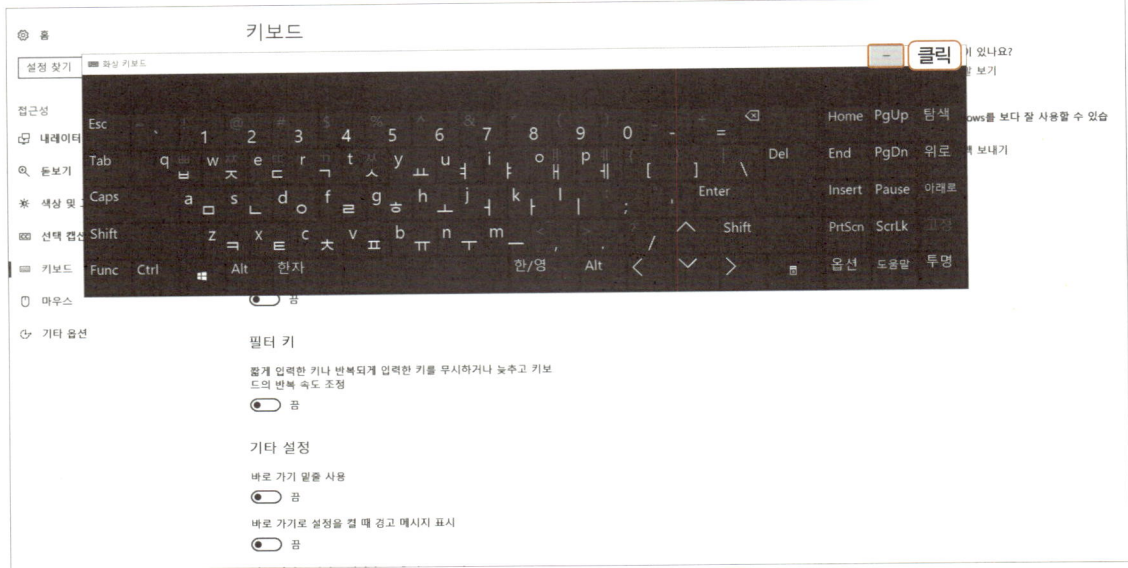

문제 04

Windows의 화면 텍스트 읽기 내레이터를 켜시오.

❶ 작업 표시줄의 [시작] 단추를 클릭한 후 [설정]을 클릭한다.

❷ 접근성 항목에서 '내레이터'를 클릭한다.

❸ 내레이터 항목에서 내레이터를 '켬'을 설정한다.

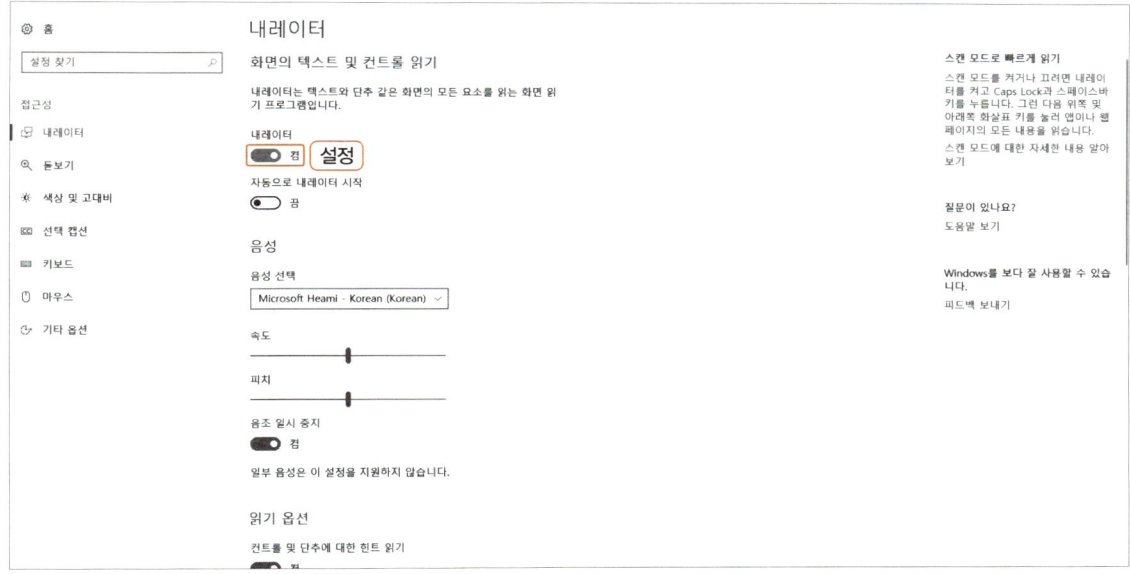

Windows의 전원 사용 시 5분 시간이 경과하면 꺼지도록 설정하시오.

❶ 작업 표시줄의 [시작] 단추를 클릭한 후 [설정]을 클릭한다.

❷ [Windows 설정]의 [개인 설정]을 클릭한다.

❸ 배경 항목에서 '잠금 화면'을 클릭한다.

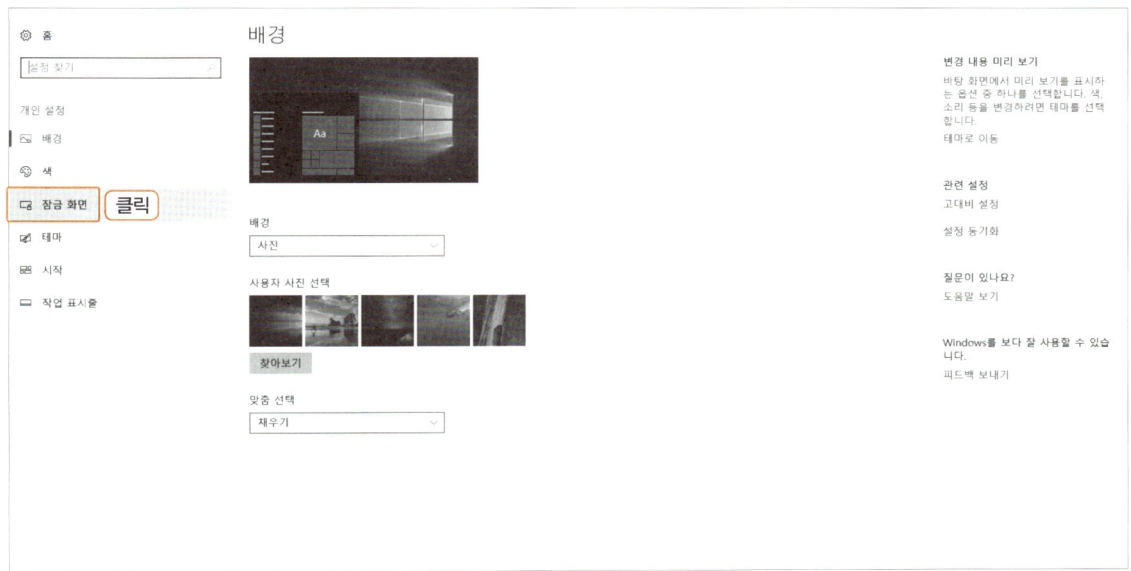

❹ 잠금 화면의 '화면 시간 제한 설정'을 클릭한다.

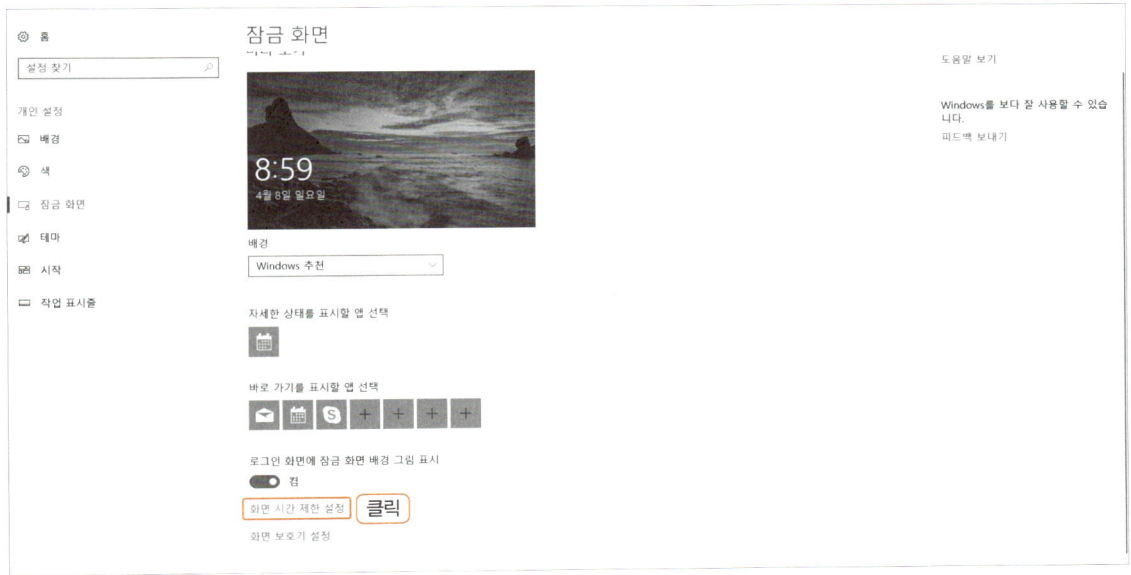

❺ '전원 사용 시 다음 시간이 경과하면 *끄기*' 목록 단추를 클릭한다.

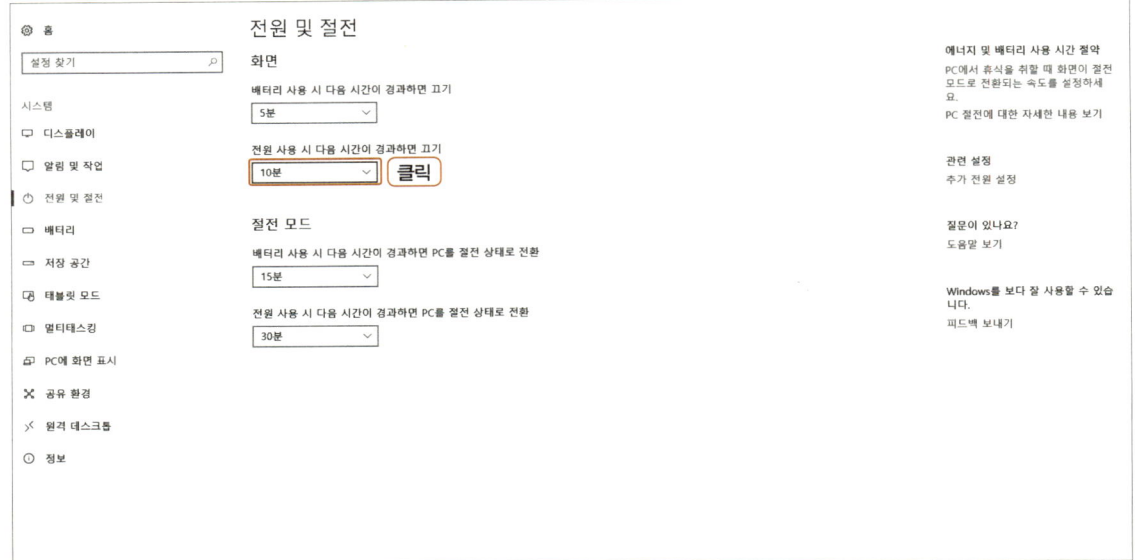

❻ 목록에서 '5분'을 선택한다.

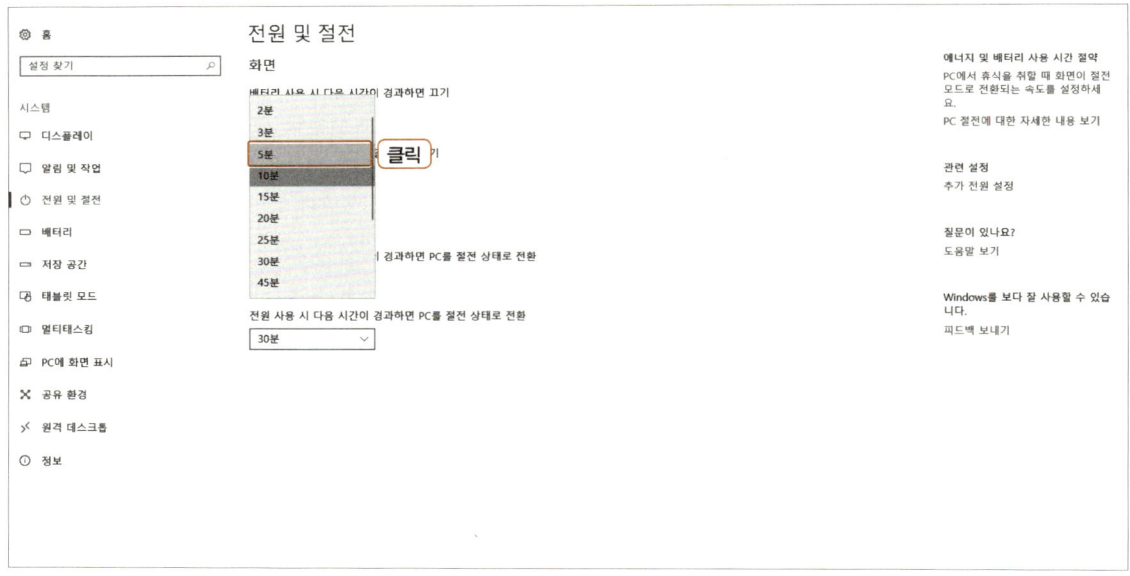

M·E·M·O

Chapter 07

최종점검 모의고사

문제 풀이 지침

● 실제 시험에서는 CBT 형식의 문제 출제로 각 문제별 예제가 자동 제시된다.

● 총 36문항 중 합격선은 27문항(75%)이고, 시험 시간은 45분이 주어진다.

● 본 모의고사는 실제 시험과 유사한 형태의 36문항을 담고 있다.

International Computer Driving Licence

International
Computer
Driving
Licence

최종점검 모의고사

문제 01

현재 계정을 잠금 설정하시오.

해설

❶ [시작] 단추 → [계정] → [잠금]을 클릭한다

문제
02 다음 중 컴퓨터를 재시작하기 위한 루틴으로 올바른 것은?

① [시작] 단추 → [설정] → [다시 시작]

② [시작] 단추 → [전원] → [절전]

③ [시작] 단추 → [전원] → [종료]

④ [시작] 단추 → [전원] → [다시 시작]

해설

❶ [시작] 단추 → [전원] → [다시 시작]을 클릭한다.

| 정답 | ④

문제 03

Windows 검색 기능을 이용하여 도움말을 실행하고 'Windows 계정 만들기'에 대한 정보를 확인하시오.

해설

❶ 작업 표시줄의 [Windows 검색] 아이콘을 클릭한다.

❷ windows 검색창에서 '도움말'을 입력한 후 Enter 키를 누른다.

❸ 도움말 창에서 설명 입력 부분을 클릭하여 'Windows 계정 만들기'를 입력한 후 [다음] 버튼을 클릭한다.

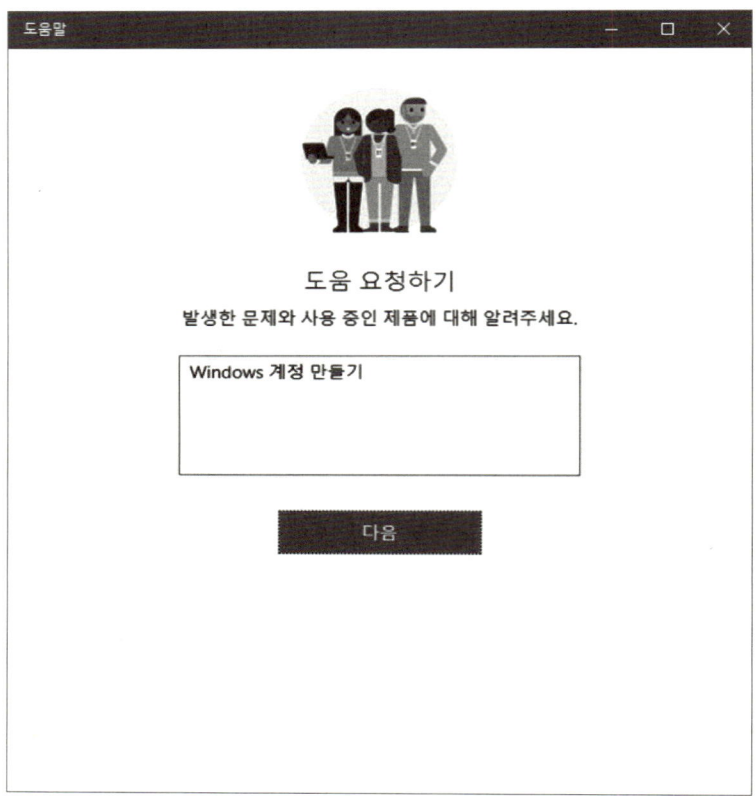

❹ 제품 선택 창에서 [Windows]를 선택한다.

❺ 문제 선택에서 [계정 및 결제]를 선택한다.

❻ 이 도움말 콘텐츠 사용 목록에서 [Windows에서 사용자 계정 만들기]를 클릭한다.

 문제 **04** 현재 컴퓨터의 시스템 정보(CPU 및 RAM)를 확인하시오.

해설

❶ [시작] 단추 → [설정]을 클릭한다.
❷ [Windows 설정] 창에서 [시스템]을 클릭한다.

❸ 디스플레이 항목에서 [정보]를 클릭한다.
❹ 컴퓨터에 설치된 'CPU와 메모리 정보'를 확인한다.

현재 최소화된 'Internet Explorer' 창을 Windows의 보조 프로그램을 이용하여 창만 캡처하시오.

해설

❶ 작업 표시줄에 최소화된 'Internet Explorer'를 클릭하여 창을 복원한다.
❷ [시작] → [Windows 보조 프로그램] → [캡처 도구]를 클릭한다.
❸ 상단 메뉴의 모드에서 '창 캡처'를 선택한다.

❹ 활성화된 'Internet Explorer' 창을 클릭하여 캡처한다.

문제 06 화면 보호기 '리본'과 대기 시간을 '15분'으로 설정하시오.

❶ [시작] 단추 → [설정]을 클릭한다.
❷ 'Windows 설정'에서 [개인 설정]을 클릭한다.
❸ 배경 항목에서 [잠금 화면] → [화면 보호기 설정]을 클릭한다.
❹ 화면 보호기를 '리본', 대기를 '15'분으로 설정한 후 [확인] 버튼을 클릭한다.

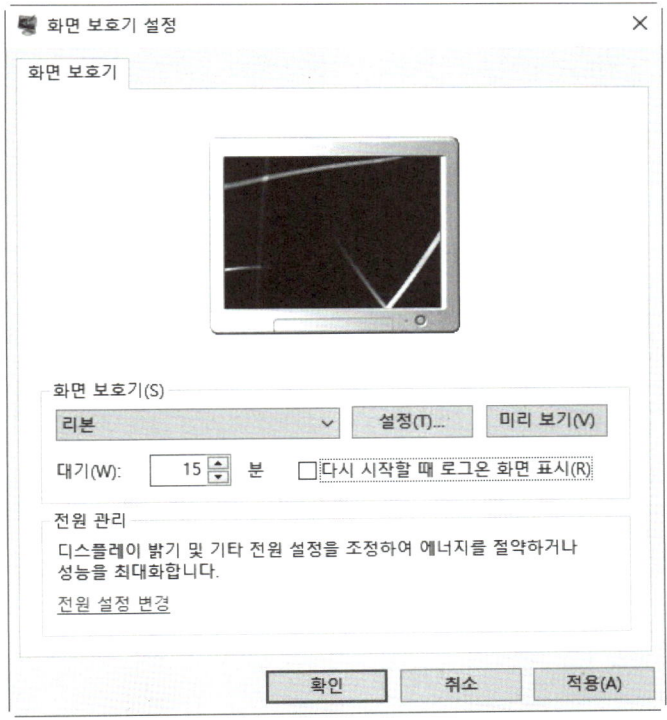

문제 07 컴퓨터 시스템 날짜에서 '2019년 1월'을 확인하시오.

해설

❶ Windows 작업표시줄의 '시간' 트레이를 클릭한다.

❷ 월 이동 단추를 클릭하여 '2019년 1월'로 이동한다.

08 현재 시스템에 설치된 '알약' 프로그램(앱)을 제거하시오.

해설

❶ [시작] 단추 → [설정]을 클릭한다.
❷ Windows 설정 창에서 '앱'을 클릭한다.
❸ 앱 및 기능 목록에서 '알약'을 선택하고 [제거] 버튼을 클릭하여 앱을 제거한다.

문제 09 Windows의 '메모장' 프로그램을 실행하시오.

해설

❶ [시작] 단추 → [Windows 보조프로그램] → [메모장]을 클릭한다.

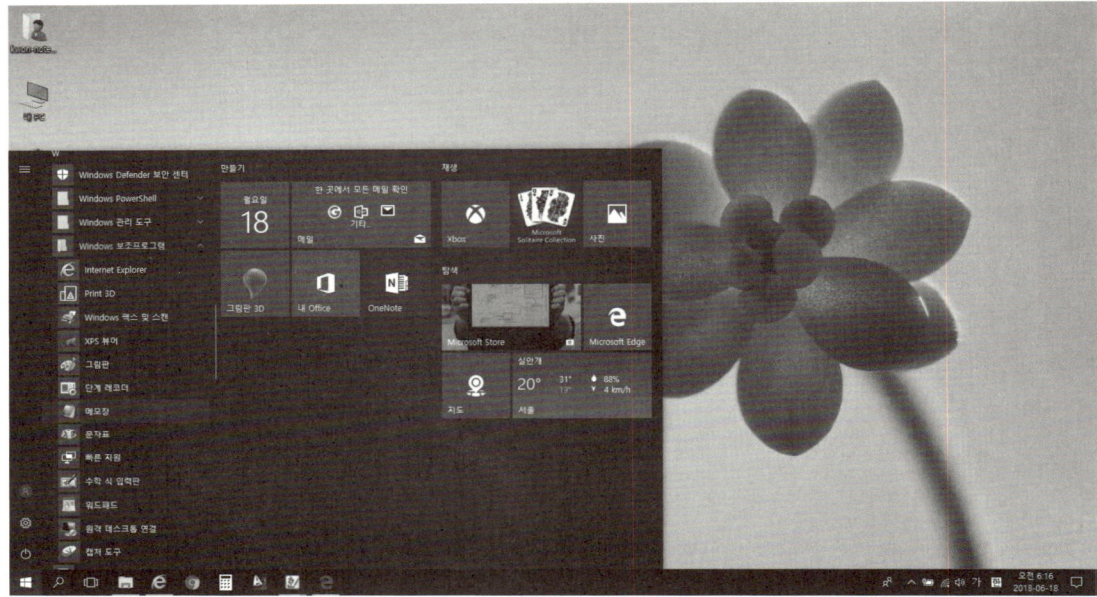

문제 10

범용직렬버스 방식으로 컴퓨터와 주변 장치를 연결하는 입/출력 표준의 하나는 무엇인가?

① 스캐너

② 웹 카메라

③ 도킹 스테이션

④ USB

해설

USB(Universal Serial Bus) : 범용직렬버스 방식의 입/출력 표준

| 정답 | ④

문제 11

아래 그림에 대한 명칭을 보기에서 고르시오.

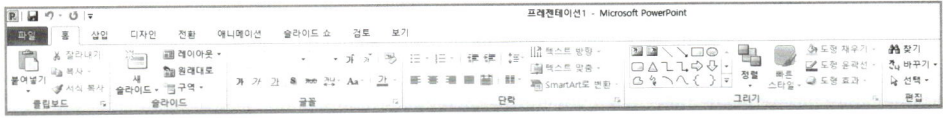

① 제목 표시줄

② 메뉴 표시줄

③ 리본 메뉴

④ 상태 표시줄

해설

해당 그림은 Microsoft Office 파워포인트 프로그램의 '리본 메뉴'이다.

| 정답 | ③

현재 활성화된 창을 최소화하시오.

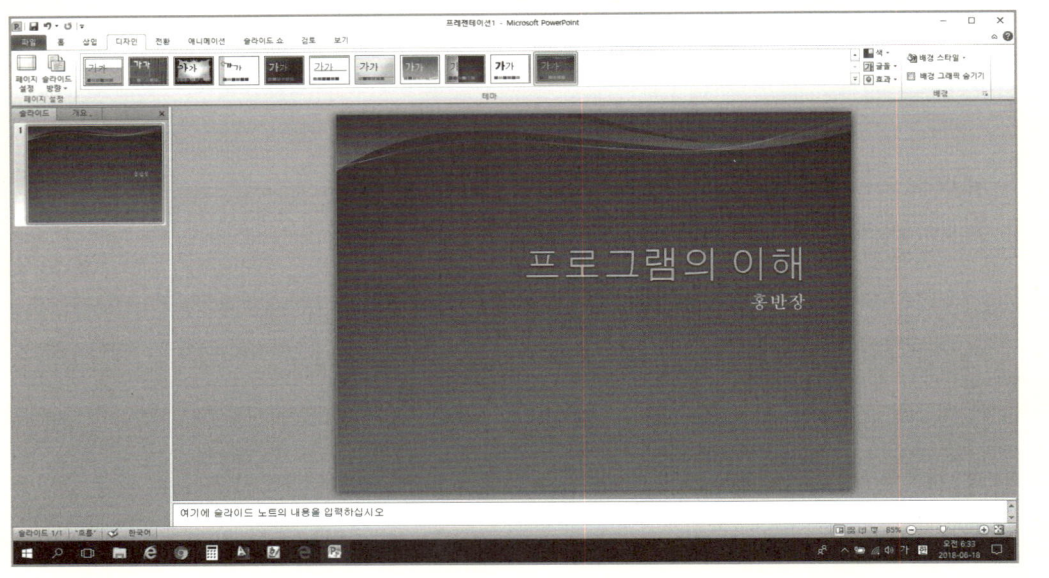

해설

❶ 활성화된 창의 창 제어 단추 중 '최소화' 단추(–)를 클릭한다.

문제 13 현재 화면에서 '내 PC' 창으로 전환하시오.

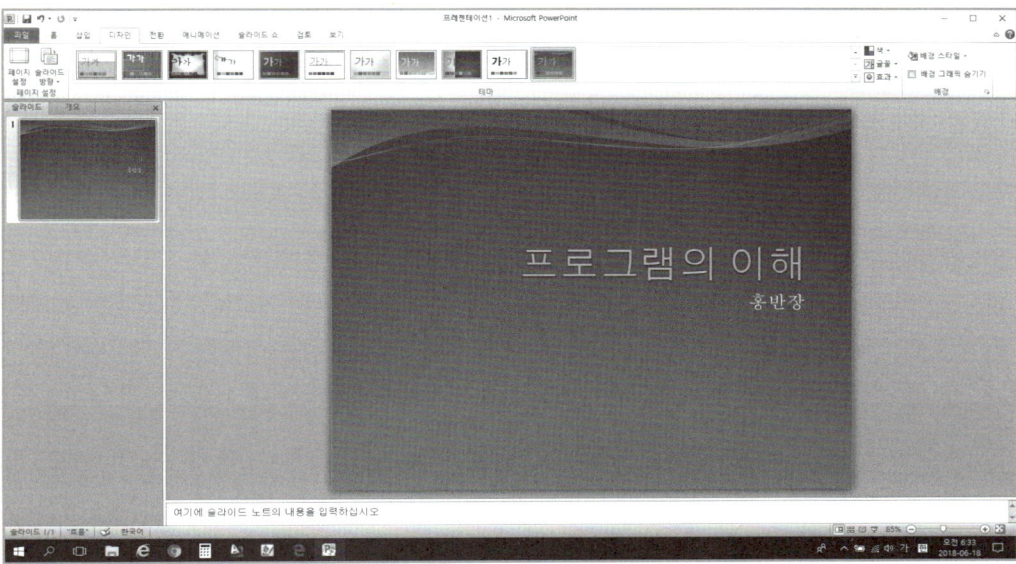

해설

❶ 'Windows 작업표시줄'에서 '내 PC'를 클릭하여 창을 전환한다.

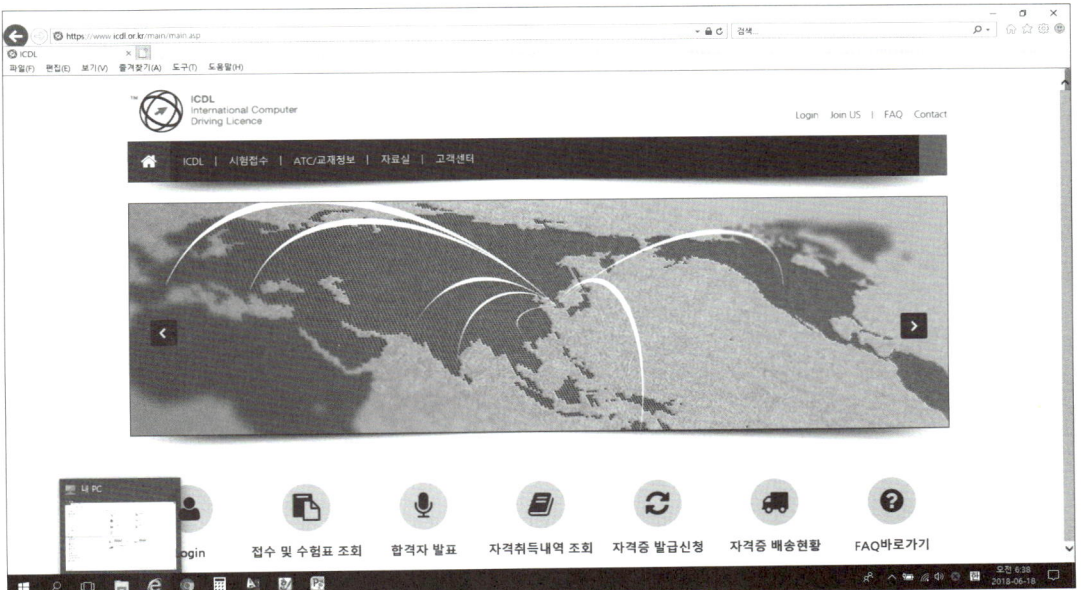

다음 보기 중 괄호 안에 들어갈 내용에 해당하는 것은?

> 운영체제는 (   ) 구조로 드라이브, 폴더 및 파일들을 구성한다.

① 계층적인

② 순환적인

③ 비순차적인

④ 네트워크

해설

운영체제(OS)는 계층적인(Tree) 구조로 드라이브, 폴더 및 파일들을 구성한다.

| 정답 | ①

문제 15

다음 중 컴퓨터의 기억 용량 크기 순서대로 올바르게 나열된 것은?

① bit 〉 MB 〉 GB 〉 Byte

② KB 〉 GB 〉 TB 〉 Byte

③ Byte 〉 MB 〉 TB 〉 KB

④ TB 〉 GB 〉 MB 〉 bit

해설

컴퓨터의 기억 용량 크기는 TB 〉 GB 〉 MB 〉 KB 〉 Byte 〉bit 순이다.

| 정답 | ④

문제 16 다음 중 워드 프로세싱 프로그램으로 작성된 파일 형식은?

① 매출 보고서.pptx

② 주간 판매 내역.xlsx

③ 업무 보고서.docx

④ 업무 협약.jpg

해설

워드 프로세싱 프로그램으로 작성된 파일 형식은 MS의 '*.docx' 또는 한글과 컴퓨터의 '*.hwp'이다.

| 정답 | ③

문제 17 다음 중 남부 지역에서의 2018년도 상반기 실적 분석하는 문서를 작성할 경우 적절한 파일 이름은?

① 남부_상반기.xlsx

② 2018_남부.xlsx

③ 상반기.xlsx

④ 남부_상반기_2018.xlsx

해설

파일 이름은 해당 파일을 열지 않아도 내용을 쉽게 예측할 수 있는 이름이 적절하다.

| 정답 | ④

문제 18 '시작' 단추를 이용하지 않고 'c:\windows' 폴더를 여시오.

해설

❶ 바탕화면의 '내 PC' 아이콘을 더블 클릭한다.

❷ '로컬 디스크 (c:)' → 'Windows'를 차례대로 더블 클릭하여 폴더를 연다.

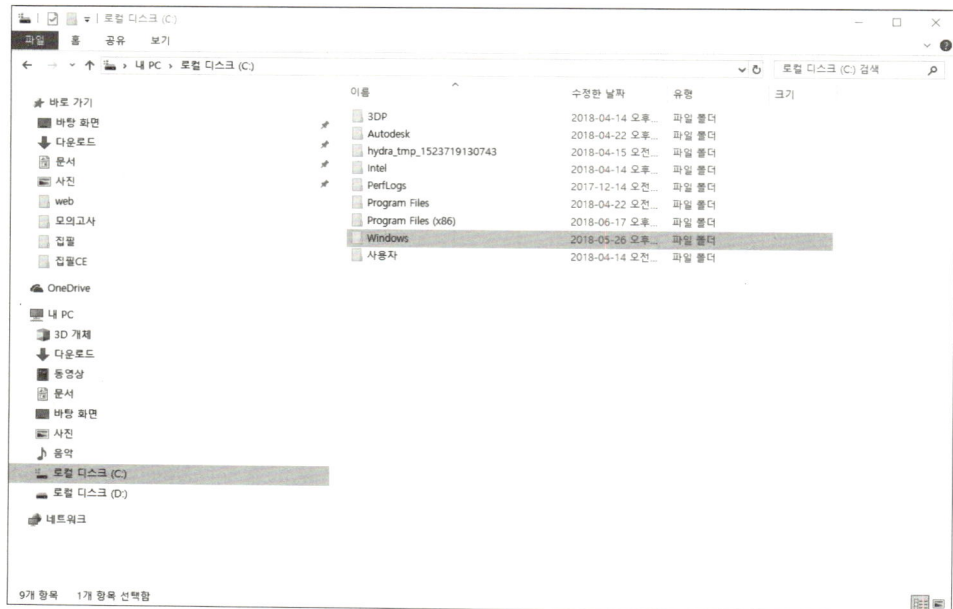

문제 19

'휴지통' 아이콘을 바탕화면 오른쪽 아래로 이동하시오.

해설

❶ 바탕화면의 '휴지통' 아이콘을 선택한 후 오른쪽 아래로 드래그하여 이동시킨다.

문제 20

C드라이브 폴더에 '업무'라는 이름의 새 폴더를 생성하시오.

❶ C드라이브로 이동한 후 [홈] 탭 → [새로 만들기] 그룹 → [새 폴더]를 클릭한다.

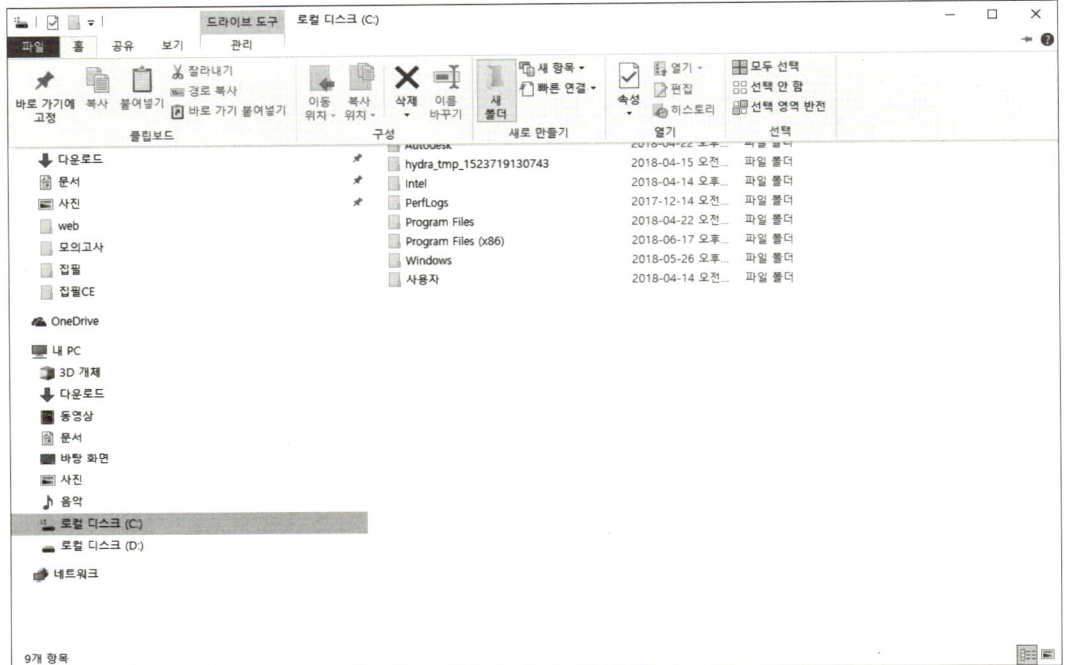

❷ 폴더 이름에 '업무'를 입력한 후 Enter 키를 누른다.

21 C드라이브 폴더에 '업무' 폴더를 삭제하시오.

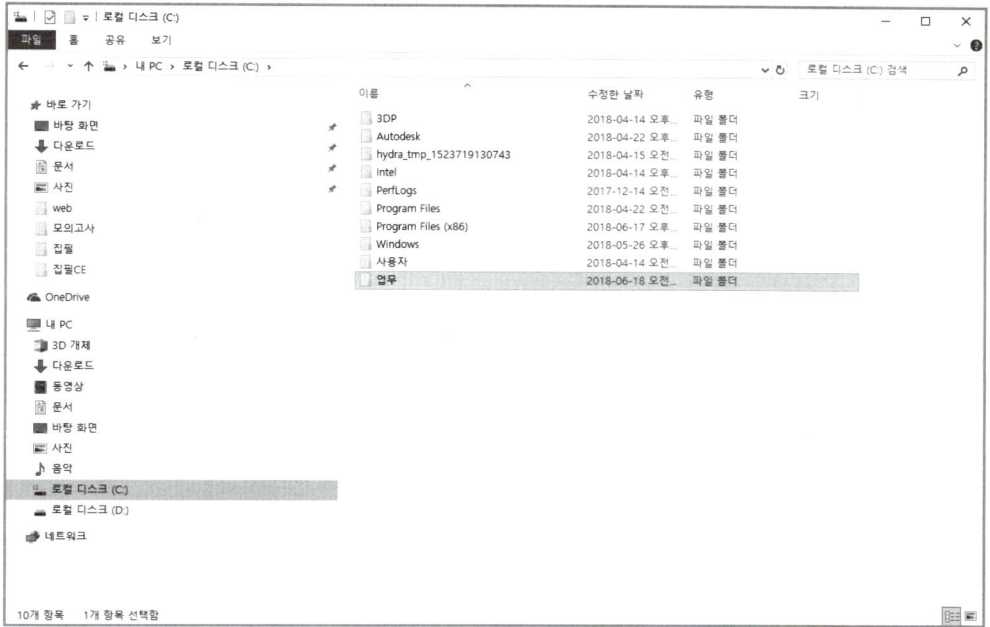

해설

❶ C드라이브에서 '업무' 폴더를 선택한 후 [홈] 탭 → [구성] 그룹 → [삭제]를 클릭한다.

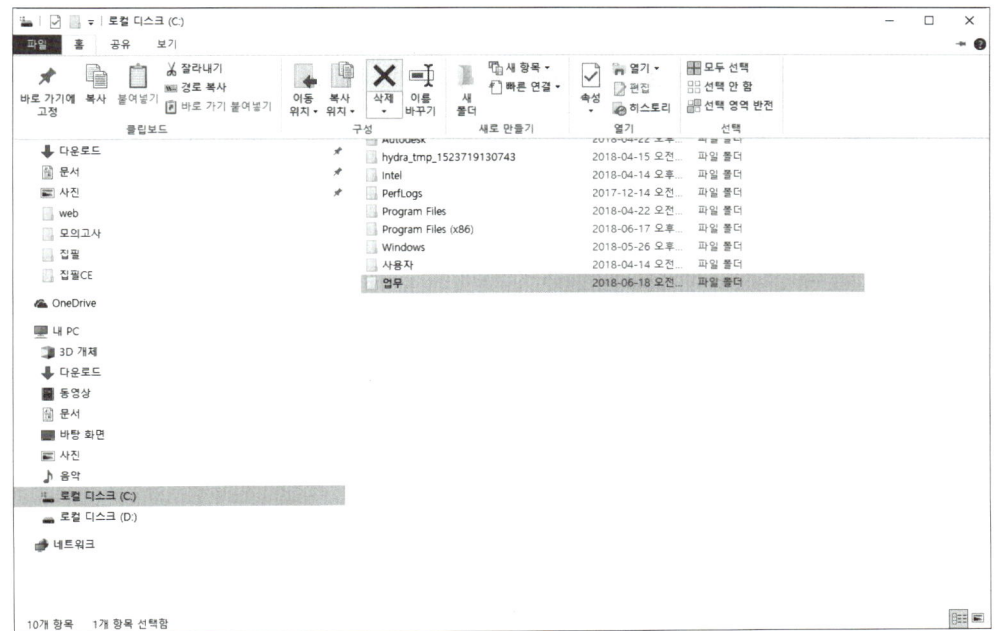

문제 22 휴지통에서 삭제한 '업무' 폴더를 원래 위치에 복원하시오.

해설

❶ 바탕화면의 휴지통을 더블 클릭하여 연다.

❷ 휴지통에서 '업무' 폴더를 선택한 후 [관리] 탭 → [복원] 그룹 → [선택한 항목 복원]을 클릭한다.

문제 23 다음 중 바이러스에 감염될 수 있는 경로에 해당하지 않은 것은?

① 문서 작성   ② 컴퓨터 통신

③ 불법 소프트웨어 설치   ④ 첨부 파일 열기

해설

바이러스는 '컴퓨터 통신, 불법 소프트웨어 복사, 출처를 알 수 없는 첨부 파일 열기' 등으로 감염될 수 있다.

| 정답 | ①

문제 24 현재 문서를 'c:\icdl'폴더에 'ICDL 소개'의 이름으로 저장하시오.

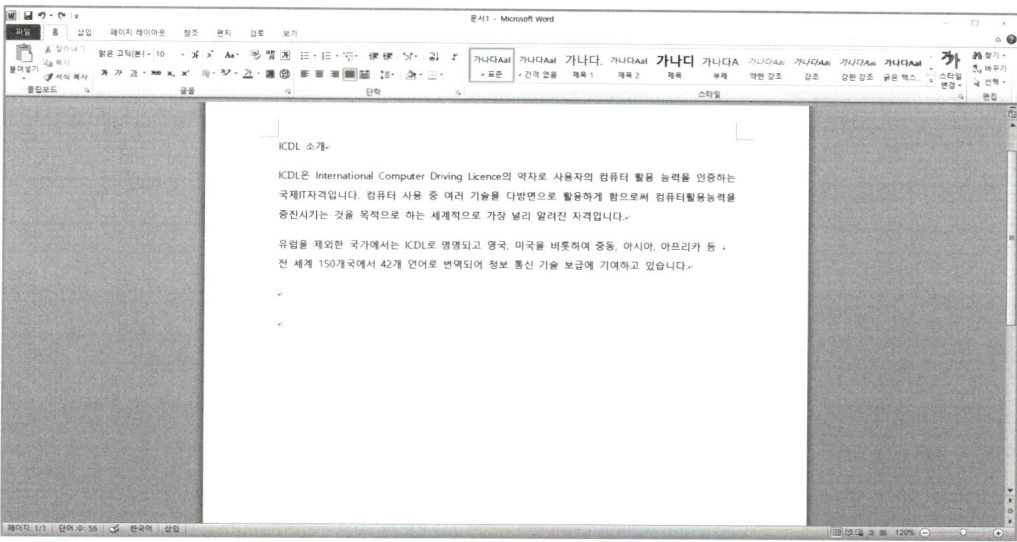

해설

❶ [파일] 탭 → [다른 이름으로 저장]을 클릭한다.

❷ [다른 이름으로 저장] 대화 상자에서 'c드라이브'로 이동하고 [새 폴더] 단추를 클릭한다.

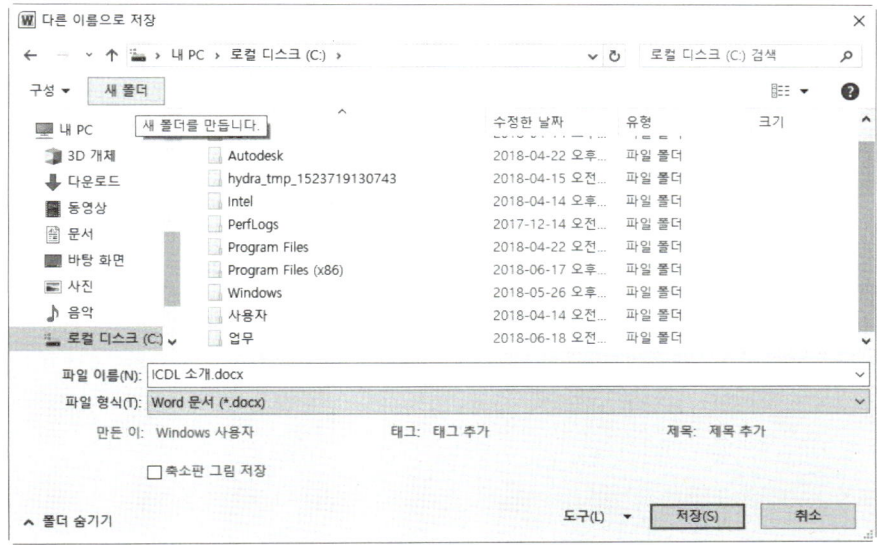

❸ 'c:Wicdl' 폴더에서 파일 이름을 'ICDL 소개'로 변경한 후 [저장] 버튼을 클릭한다.

문제 25 'c:\icdl'폴더에서 파일의 이름 순서대로 정렬하시오.

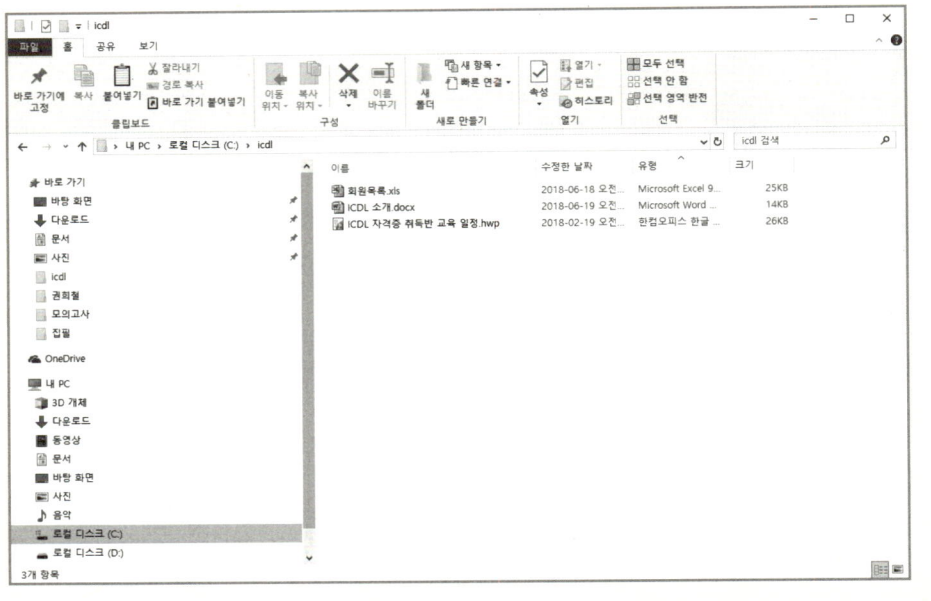

해설

❶ 'c:Wicdl' 폴더에서 [보기] 탭 → [현재 보기] 그룹 → [이름]을 클릭한다.

문제 26

'c:\icdl' 폴더의 '회원목록.xlsx' 파일에 '읽기 전용' 속성을 설정하시오.

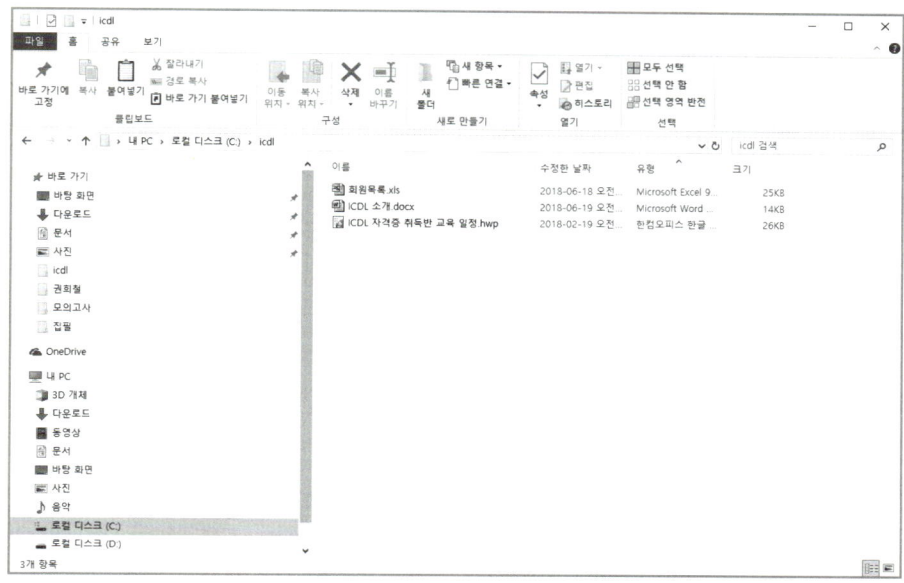

해설

❶ 'c:\icdl' 폴더에서 '회원목록.xlsx'을 선택하고 [홈] 탭 → [열기] 그룹 → [속성]을 클릭한다.

❷ [일반] 탭에서 '읽기 전용'을 체크하고 [확인] 버튼을 클릭한다.

문제 27

'회원목록'의 파일 이름을 '회원목록_2019'로 수정하시오.

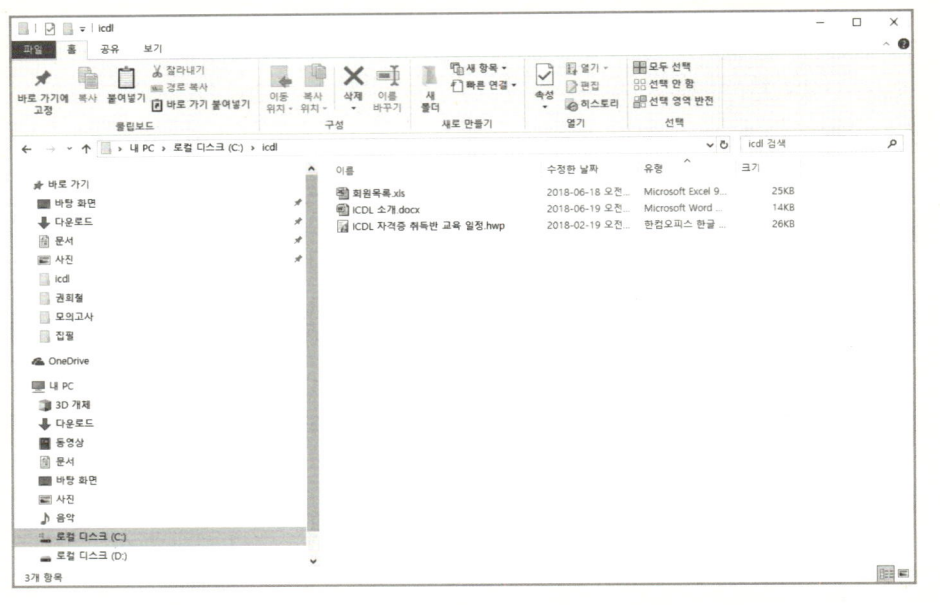

해설

❶ 'c:\icdl' 폴더에서 '회원목록' 파일을 선택하고 [홈] 탭 → [구성] 그룹 → [이름 바꾸기]를 클릭한다.

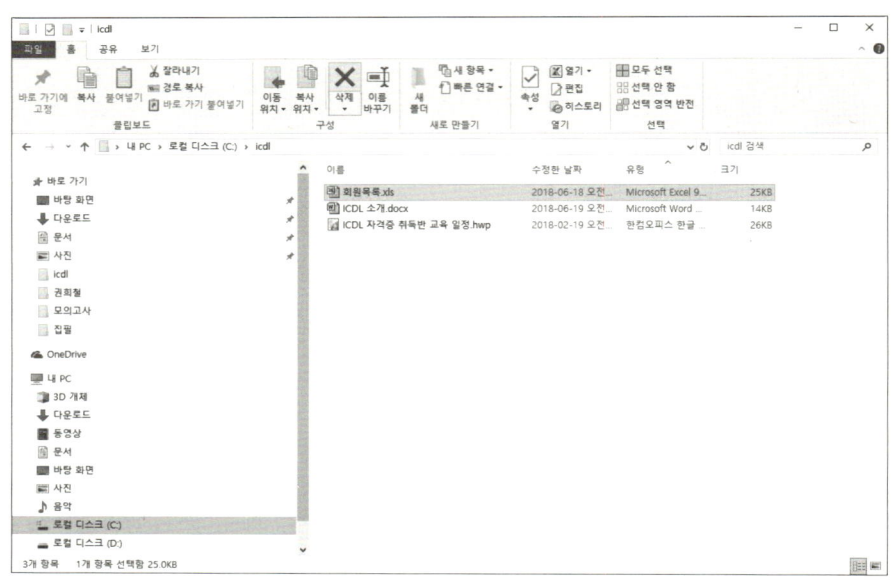

문제 28 '회원목록_2019' 파일을 '문서' 폴더로 이동하시오.

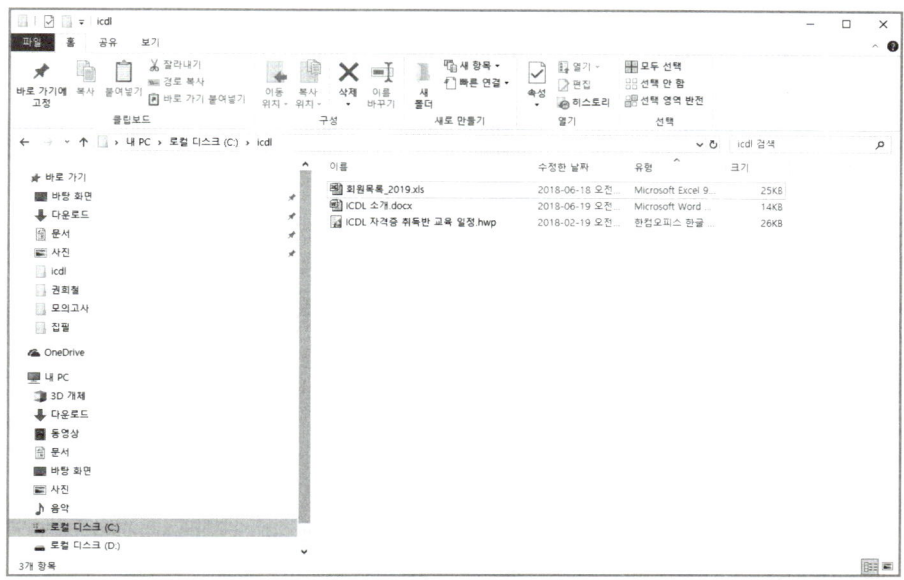

해설

❶ 'c:Wicdl' 폴더에서 '회원목록' 파일을 선택하고 [홈] 탭 → [구성] 그룹 → [이동 위치] → [문서]를 클릭한다.

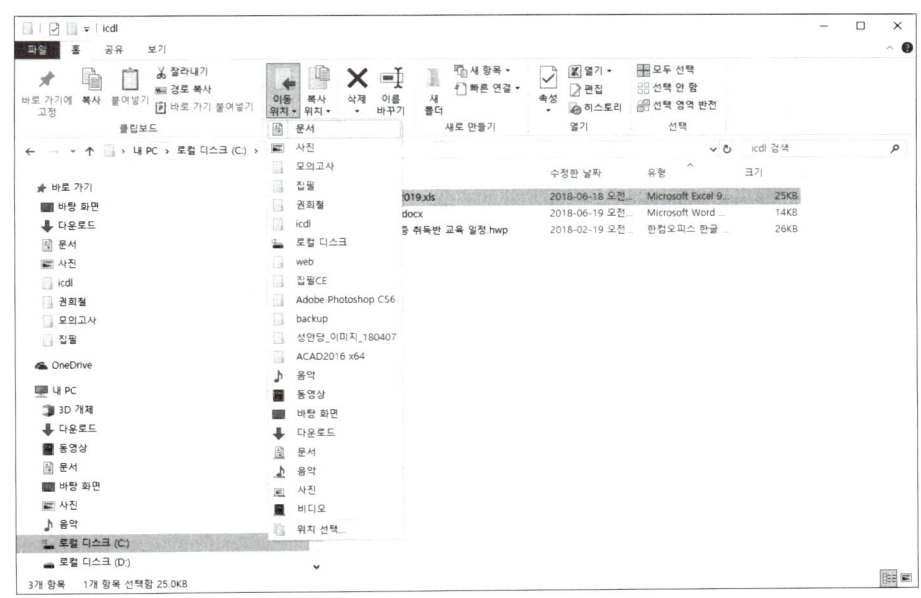

Windows 검색 기능을 이용하여 '회원목록' 파일을 검색하시오.

❶ 작업 표시줄의 [Windows 검색] 단추를 클릭한다.
❷ 검색창에 '회원목록'을 입력한다.

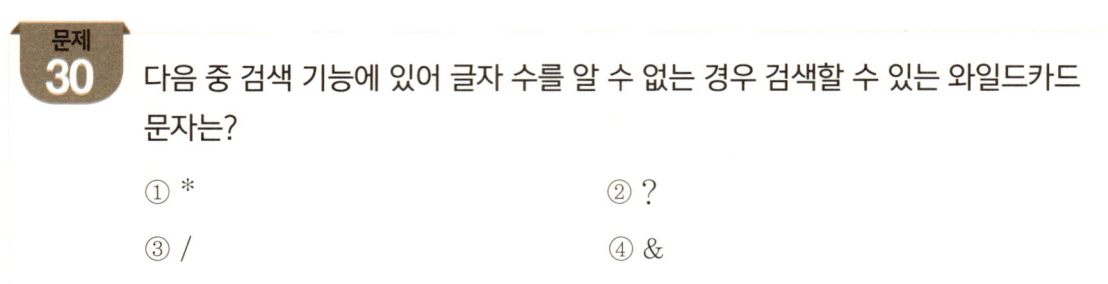 다음 중 검색 기능에 있어 글자 수를 알 수 없는 경우 검색할 수 있는 와일드카드 문자는?

① *   ② ?
③ /   ④ &

와일드카드 문자 중 글자 수를 아는 경우 '?', 그렇지 않은 경우 '*'를 이용하여 검색한다.

| 정답 | ①

문제 31

C드라이브에서 '10~100kb' 크기의 파일만 검색하시오.

해설

❶ 'c:\' 폴더로 이동하고 우측 상단의 검색창을 클릭한다.
❷ [검색 도구] → [검색] 탭 → [구체화] 그룹 → [크기] → [작음(10-100KB)]를 클릭한다.

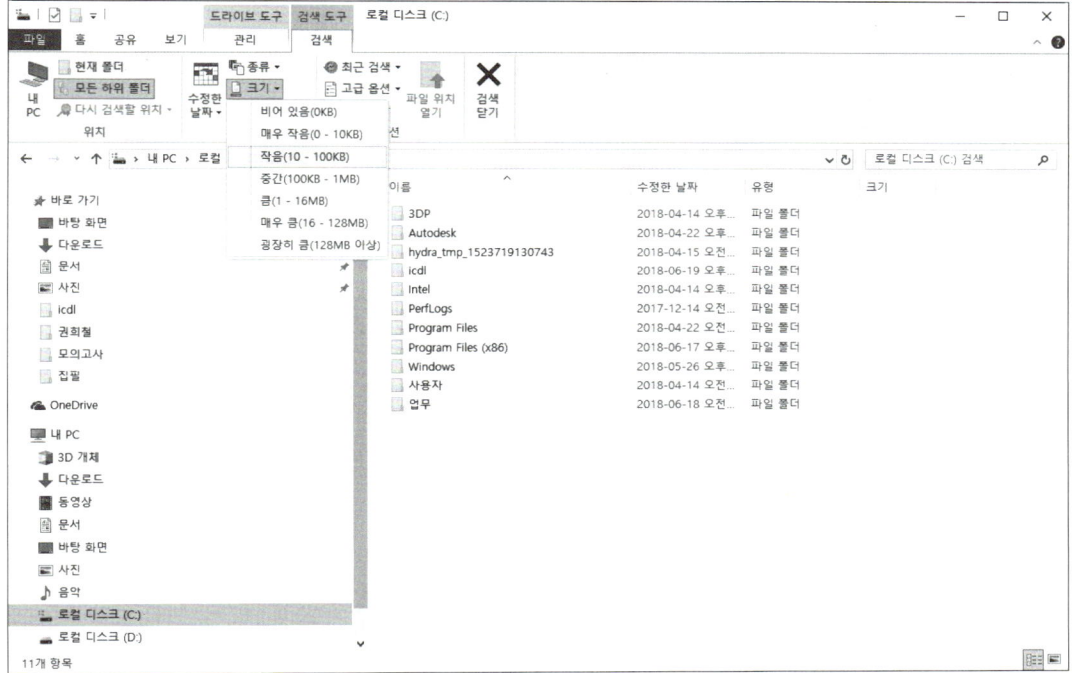

다음 중 파일 및 폴더를 압축하는 이유에 대한 설명으로 올바른 것은?

① 바이러스 감염을 막기 위해서

② 파일 및 폴더의 용량을 줄이기 위해

③ 파일 및 폴더의 수를 줄이기 위해

④ 이미지 파일의 해상도를 높이기 위해

해설

파일 및 폴더의 압축을 통해 용량을 줄일 수 있으며 전자 메일 전송 시 업로드 및 전송 속도를 높일 수 있다.

| 정답 | ②

문제
33 '내 PC' 폴더의 '사진' 폴더를 압축하시오.

해설

❶ '사진' 폴더를 마우스 오른쪽 버튼으로 선택하고 [보내기] → [압축(ZIP) 폴더]를 클릭한다.

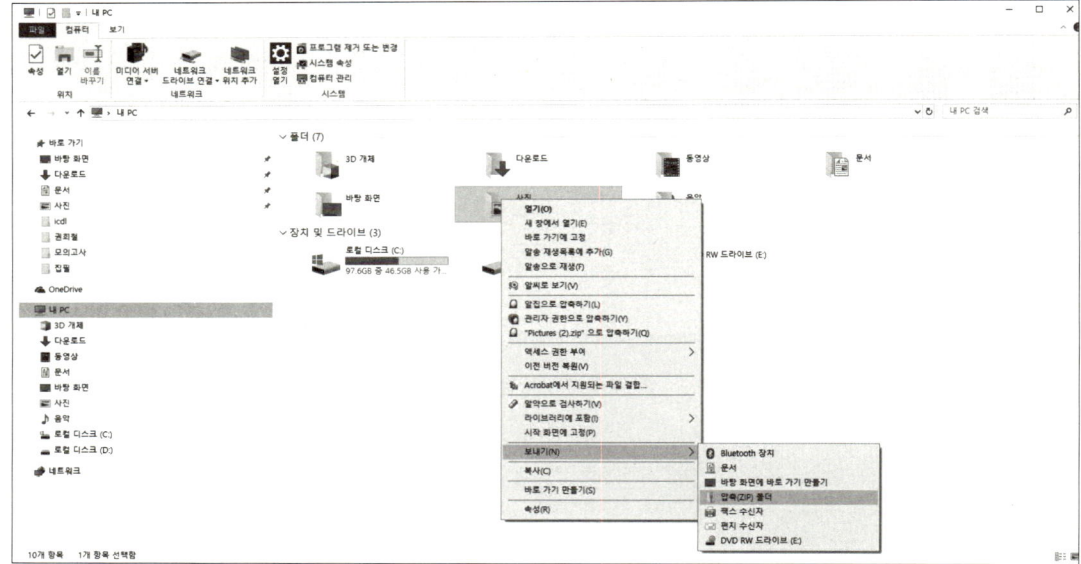

❷ 대화 상자에서 [예] 버튼을 클릭하여 바탕화면에 압축 파일을 생성한다.

 문제 34

현재 윈도우의 프린터 목록 중 임의의 프린터를 기본 프린터로 설정하시오.

해설

❶ [시작] 단추 → [설정]을 클릭한다.

❷ [Windows 설정] 창에서 [장치] 버튼을 클릭한다.

❸ [Bluetooth 및 기타 디바이스] 창에서 [장치 및 프린터]를 클릭한다.

❹ 임의의 프린터를 마우스 오른쪽 버튼으로 선택하고 [기본 프린터로 설정]을 클릭한다.

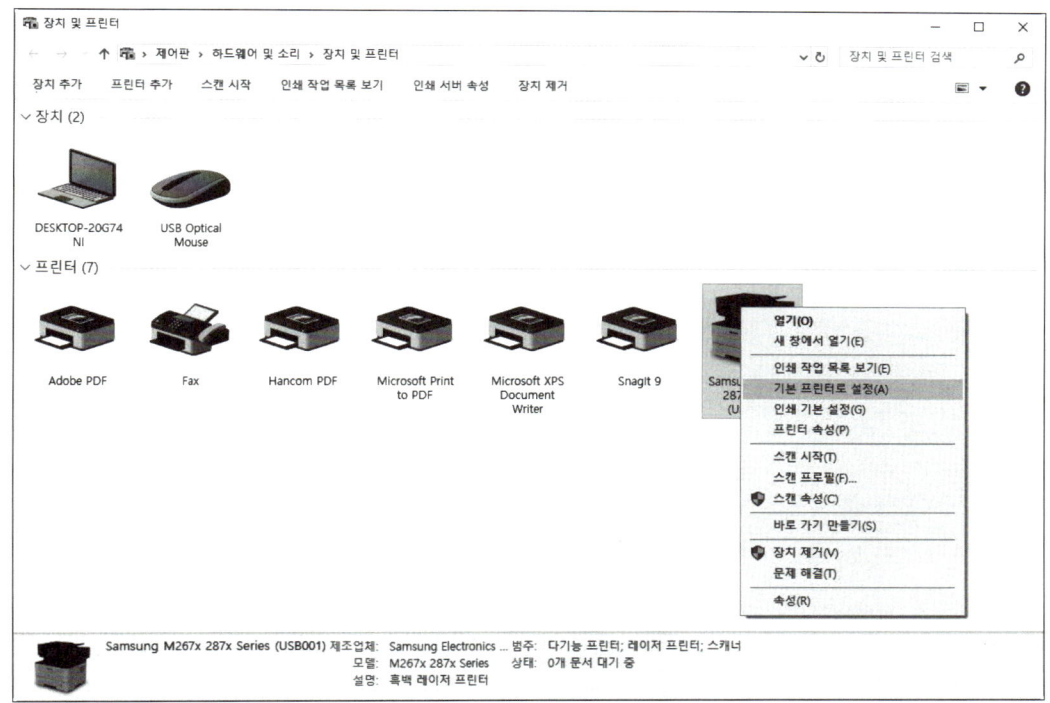

문제 35

현재 열린 문서를 기본 프린터로 2부 인쇄하시오.

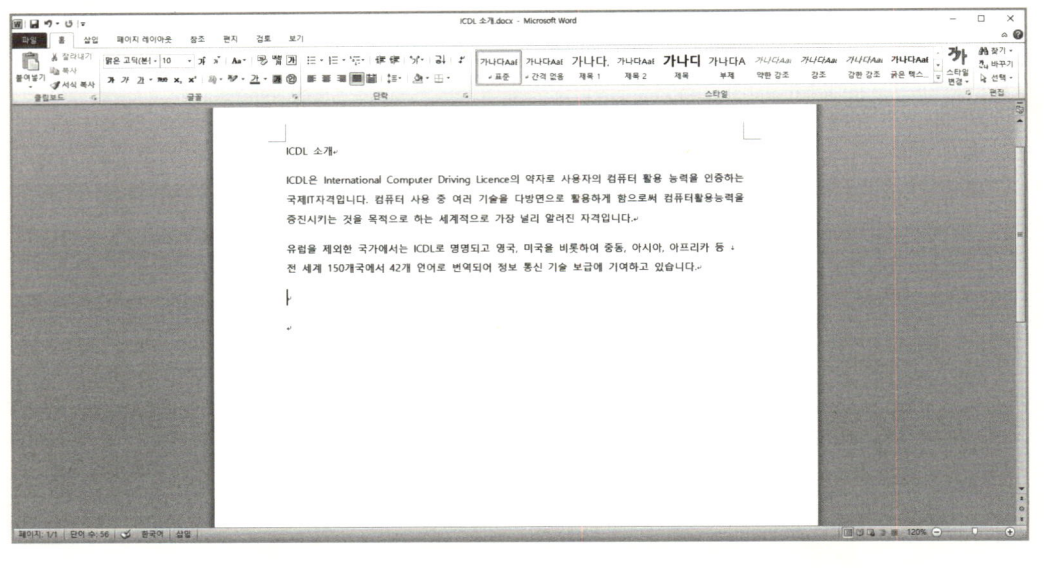

해설

❶ [파일] 탭 → [인쇄]를 클릭한다.

❷ 프린터 항목에서 기본 프린터를 선택하고 복사본을 '2'로 설정한 후 [인쇄] 버튼을 클릭한다.

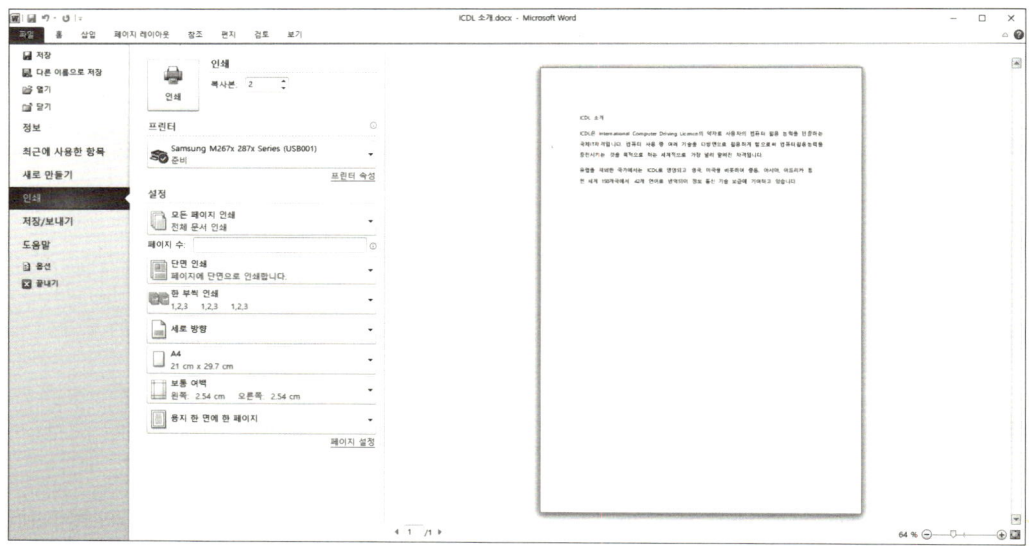

❸ 대화 상자에서 [확인] 버튼을 클릭한다.

문제 36 인쇄 관리자를 열어 현재 인쇄 중인 항목을 취소하시오.

해설

❶ [시작] 단추 → [설정]을 클릭한다.

❷ [Windows 설정] 창에서 [장치] 버튼을 클릭한다.

❸ [Bluetooth 및 기타 디바이스] 창에서 [장치 및 프린터]를 클릭한다.

❹ 기본 프린터를 선택하고 [인쇄 작업 목록 보기]를 클릭한다.

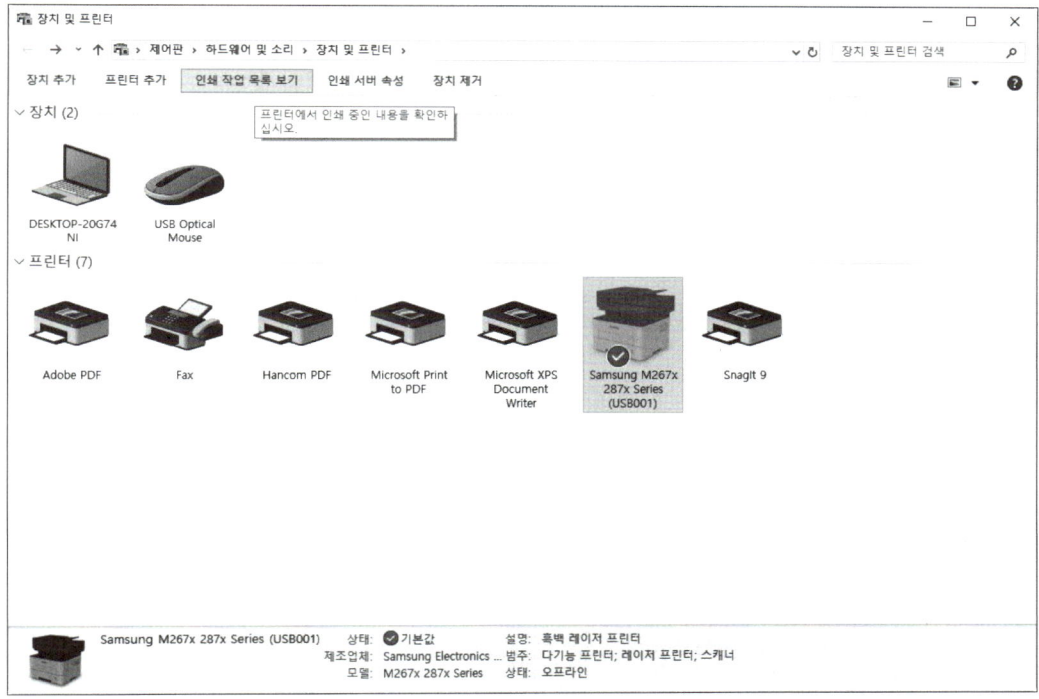

❺ 인쇄 목록에서 취소할 항목을 선택한 후 [문서] 메뉴 → [취소]를 클릭한다.

저자 권희철(mik4001@naver.com)

- 성균관대학교 정보통신대학원 석사
- 강남대학교, 삼육대학교, 성균관대학교, 숭실대학교, 안양대학교, 중앙대학교 출강
- 대한지적공사, 신도리코, 현대건설, 현대엔지니어링 Skill−Up 강의
- 강남구 여성능력개발센터, 교수학습 개발센터 PPT Skill−Up 강의
- 삼육간호보건대학 정보 지원센터
- EBS 교육방송 ICDL 교육 강의
- 정보문화진흥원 Contents, SU−EDUMI ICDL 내용·전문가
- 컴퓨터활용능력 1급, PPT 2007 백과사전, 11번가에서 돈버는 창업, 파워포인트 애니메이션 외 집필
- ICDL 2003, ICDL 2010, ICDL 2016, MOS Excel 2003, PPT 2003 집필

ICDL 컴퓨터 에센셜

2018. 7. 5. 1판 1쇄 인쇄
2018. 7. 12. 1판 1쇄 발행

저자와의
협의하에
검인생략

지은이 | 권희철
펴낸이 | 이종춘
펴낸곳 | **BM** 주식회사 **성안당**

주소 | 04032 서울시 마포구 양화로 127 첨단빌딩 5층(출판기획 R&D 센터)
10881 경기도 파주시 문발로 112 출판문화정보산업단지(제작 및 물류)

전화 | 02) 3142−0036
031) 950−6300
팩스 | 031) 955−0510
등록 | 1973. 2. 1. 제406−2005−000046호
출판사 홈페이지 | **www.cyber.co.kr**
ISBN | 978−89−315−5486−1 (13000)
정가 | 15,000원

이 책을 만든 사람들
기획 | 최옥현
진행 | 최재석
전산편집 | 인투
표지 디자인 | 박현정
홍보 | 박연주
국제부 | 이선민, 조혜란, 김해영
마케팅 | 구본철, 차정욱, 나진호, 이동후, 강호묵
제작 | 김유석

www.cyber.co.kr
성안당 Web 사이트